SPACE BRANDING

品牌空间塑造
Space Branding

姜　民
[韩]金柱然　著
王世学

中国建筑工业出版社

图书在版编目（CIP）数据

品牌空间塑造 = Space Branding / 姜民，（韩）金柱然，王世学著 . —北京：中国建筑工业出版社，2021.10

ISBN 978-7-112-26359-2

Ⅰ.①品… Ⅱ.①姜…②金…③王… Ⅲ.①品牌营销 Ⅳ.① F713.3

中国版本图书馆CIP数据核字（2021）第146743号

鲁迅美术学院学术著作出版基金资助出版

责任编辑：率　琦
责任校对：王　烨
版面设计：姜　民

品牌空间塑造
Space Branding

姜　民
[韩]金柱然　著
王世学

*

中国建筑工业出版社出版、发行（北京海淀三里河路9号）
各地新华书店、建筑书店经销
北京点击世代文化传媒有限公司制版
临西县阅读时光印刷有限公司印刷

*

开本：880毫米×1230毫米　1/32　印张：5⅝　字数：129千字
2021年11月第一版　2021年11月第一次印刷
定价：**65.00**元
ISBN 978-7-112-26359-2
（37943）

版权所有　翻印必究
如有印装质量问题，可寄本社图书出版中心退换
（邮政编码 100037）

序 言
Preface

品牌和空间的关系

当今世界,人们越来越信任品牌,迷恋品牌。品牌已经成为商品的一张王牌,这是一个商业环境下竞争的必然结果。

据我所知,最早的品牌指的是,欧洲农场牲畜身上用滚烫的烙铁所打出的烙印。它最初的意思表达的是拥有权,即这个烙印意味着以明确的印记告诉别人,这个畜生是我的,请你远离它!然而,现代商业中的品牌却表达了截然相反的意思,它是主动性的和开放性的,它想要表达的是:"你来分享我的东西吧。"

塑造品牌首先要从基础做起,也就是品牌的创造者提供给市场的商品或提供给他人的服务具有独特的魅力和可靠的品质。品牌获得信任,而这种信任则是建立在卓越品质之上的,它包括材料、设计、功能、服务等。但是我们也清楚地看到,近些年来品牌的塑造开始利用的营销展示空间,似乎变成了表现品牌更高级的手段。

改革开放之初,中国在商业氛围的营造中经常使用"环境"这个概念,也就是把材质、色彩、灯光和商品之间的关系予以恰当的联系。而今天更多的设计师和营销品牌的创建者,更愿意使用"空间"这个概念,我认为二者还是有本质区别的,比之环境,空间似乎更倾向于指向某个整体性的事物。空间是存在的载体,也是本体的外延。并且这个外延是内在的精神气质所生发而成的,相比之下,环境更像一种具体的手段。

今天更多的营销者着重创立一个具有精神气质的空间,这么看来程序似乎被颠倒了。但是我认为,这种做法显然更具智慧。空间,仿佛是一声有关价值观的集结号,依靠它,营销者发出了某种明确的信息,质量、品格、美学、精神气质等。因此,学界从品牌空间塑造这个角度来研究商业模式,又从商业模式反推空间形态,是非常有意义的一件事情。

苏丹

2021 年 8 月 15 日于清华园

目 录
Contents

序 言

引言_ 品牌、品牌塑造、空间 / 003

01_ 空间形象和顾客价值 / 013

思考之前先去感知 / 015

空间的"面孔" / 020

展示真实性和价值的方法 / 030

品牌空间设计的开始：普拉达埃菲中心 / 040

02_ 感官和认知体验 / 049

午后四点的咖啡 / 051

如何在五天之内做一件需要五年才能完成的事情？ / 055

空间对大脑的影响 / 059

通过五感感受空间：Gentle Monster / 063

03_ 交流与灵感的空间 / 073

空间是身体的记忆 / 075

空间定位和时间线索 / 079

是空间也是时间 / 081

发现空间中蕴含的深意 / 083

空间是一种媒介：现代信用卡 / 086

04_ 空间品牌塑造的四个原则 / 097

空间的差别化 / 099

领先性：毕尔巴鄂与洛杉矶的差别 / 102

单纯性：欧洲城市与苹果商店的共同点 / 108

意外性：情绪、感动、沉浸感 / 112

话题性：记忆的乡愁、价值观的分享、情感的共鸣 / 117

结语：设计印象 / 145

写在后边：在线时代，品牌营销的本质 / 153

参考文献 / 161

作者简介 / 171

引言_品牌、品牌塑造、空间

如同人们试图巩固自己在社会中的地位一样，一个企业要想在商业运营上取得成功，就必须巩固自己在商业领域的地位。对于企业而言，这个需要巩固的地位，就是这个企业的品牌形象。**市场营销专家伯恩·施密特（Bernd Schmitt）是这样定义品牌的**："品牌是一种独特的、与众不同的，能够区别于其他企业的商品、服务、商业模式的，囊括了提供给消费者的企业形象、商品质量、相关服务以及商业模式全域的文化总和。"[1]

这里的关键词就是——文化。一个品牌的文化属性往往与顾客的购买欲望相辅相成。顾客之所以在众多的品牌中选择某一品牌并购买它的产品或服务，是因为他们对这个品牌有着高度的认同感，认为使用这个品牌的产品或者与这个品牌在一起能够彰显顾客个人的喜好和特性。如同每年的欧洲足球联赛赛季，球迷们都会身着自己所喜爱的俱乐部的球衣去为自己心爱的球队加油助威。如果将运营球队的俱乐部当作一个品牌来看待的话，那么球队作为俱乐部的核心象征让球迷们产生了强烈的归属感和带入感，球迷时刻感受到与球队一起荣辱与共、同仇敌忾的足球文化，球队已然成为他们的精神家园、一种宗教信仰。品牌价值经营和消费者调查的开创者沃尔特·兰德（Walter Lander）认为："产品是在工厂里生产的，但是品牌却是由人们的心灵创造的。"[2]品牌只有具备自己独特的个性，才能够激发顾客内心的购买欲望。不仅是在商业领域需要品牌效应，品牌效应在国家、政治、体育、文化、教育、旅行、艺术、地域、资本等你所能想象的一切领域，都在逐渐显露出它的重要作用。[3]

顾客应该如何判断一个品牌是否值得信任呢？人们对于这个品牌的印象在建立信任过程中起到了至关重要的作用。顾客通过企业对外打造的品牌形象，从商品的 LOGO 设计、外部包装、陈列卖场、广告导视直到导购员的态度等服务领域，有意或无意地感知品牌的价值。所有这些与商业相关的设计产出物都对品牌的形象展现起着重要的作用，只有这些有形产品和无形服务都能建立正面且积极的品牌形象时，该品牌才会在市场的经营活动中取得成功。

企业品牌形象塑造工作是一个漫长且没有终点的过程。因为品牌塑造不是一个结果，而是一个不断完善的过程；一个在顾客心中建立代表企业产品的特定形象，并通过多种手段把这个特定形象深刻地映在消费者心中的过程；也是企业运用各种营销策略、手段使目标客户形成对企业的产品与服务从认知、认识到认可的一个过程，即品牌建立、控制、维护和品牌价值扩展的整个过程。[4] 品牌既是一个名词，也是一个动词。企业通过品牌形象的塑造为品牌在市场上建立一个具有差异化属性、能够深刻感染消费者内心的品牌核心价值观。让消费者清晰、明确地辨识品牌并记住该品牌的个性与优势，所以品牌的形象才是驱动消费者认同、喜欢乃至爱上一个品牌并最终成为企业忠实顾客的主要力量。

当顾客接触到某项产品或服务时，头脑中即刻闪现出"这一定是那个公司的产品或服务"，这说明该公司的品牌营销取得了正向发展。品牌营销就是调动一切方法让人产生这样的联想。企业通过商品本体、销售服务、广告宣传或者卖场空间的装饰等所有衍生物，在顾客在头脑中形成对企业的信任并且不断积累这份信任,一个良好的企业形象才能够确立起来。[5]

企业想在现代商业活动中取得成功,需要具备三项基本技能:功能技能、财务技能和销售技能。[6]无论前两项技能多么出色,如果缺少第三项技能,企业都很难取得成功,而销售技能的重中之重就是激发消费者的购买欲望,这是品牌刺激消费最直接有效的手段和方法。想要刺激顾客的购买欲望,首先要确定顾客是谁、是什么使他们兴奋并最终付诸行动。

据此,我们认为企业需要增加一项特殊技能,形象塑造技能,一种增强企业整体美感和品牌形象的技能,而这种形象技能的核心就是空间塑造。这里的空间不仅包括建筑室内,还包括室外、一些随机性事件、商业促销活动场所等一切与人类体验相关的空间,正是这些空间里发生的独特的体验与感受才是激发人们购买欲望的根源。

传统意义上的商业空间有四个主要的职能:第一是解决商品贩卖、提供商品销售服务的场所;第二是具有展示品牌形象、通过品牌形象确定品牌辨识度的作用;第三是可以提供有内涵的体验活动;第四是举办或承办文化活动、扩大企业的社会影响力、履行企业社会责任的场所。[7]但是随着时代的变化,商业空间最重要的第一个职能几乎消失殆尽,现代的人们通常在网上下单购买商品,在线下的实体门店只是进行一些相关的品牌体验活动。而第二、第三、第四个空间职能均属于品牌推广的范畴,人们只会到访那些值得一去或有体验价值的空间,企业为顾客准备的空间必须能够提供同时代背景的、具有普遍性、震撼度的内容，才能被消费者认可，进而产生到访的愿望。

像这样通过空间形象精心设计顾客体验，传播品牌价值的过程就是品牌空间塑造的过程。空间是品牌与顾客直接接触的路径，品牌可以通过空间塑造企业形象，通过空间的形象传播、经营品牌价值。消费者通过空间体验感受这种价值，这个价值会被人们潜意识地认定为企业的价值，从而影响到顾客日后的购买行为。所以空间体验是企业经营能否取得成功的决定性因素，树立品牌空间设计的战略迫在眉睫。

Chapter 01

01_ 空间形象和顾客价值

思考之前先去感知

人类感知—感受—思考—行动。在思考和行动之前，先感知、感受。如果说思考和行动是人类的理性活动，那么感知、感受就是感性活动。[8] 人们渴望获得美好的事物、令人难忘的经历以及由多彩的世界引发的欣快感，它不仅是空间中的实际活动，还是诸如庄严、喜悦、畅快、卓越、渴望、强烈、轻松的感觉。[9] 顾客希望通过体验获得更多的感动，对于他们来说何种形式不是重要的，重要的是要获得内心的喜悦。

空间是人们在日常生活中不断遇到的一种艺术形式[10]，人们无时无刻不身在其中。人们通过对空间的印象体验幻想、逃避、品味神秘等，这些丰富的感受弥补生活中的无聊与缺陷。这就是为什么顾客愿意通过品牌空间里的游戏融入品牌、与品牌同化的原因。现代商业活动以体验为中心，仅仅依靠高效的管理和优质的产品性能这种相对优势已经不足以形成品牌的竞争优势。如何管理客户、引导客户进入一个充满想象力的空间，是企业取得商业经营成功的关键。从品牌传播的角度，想从战略上塑造和运营品牌空间，就要覆盖顾客与企业相关联的所有空间，包括办公空间、工厂厂房、品牌旗舰店、临街商铺、快闪店、产品展厅、产品陈列等建筑物、景观在内的所有空间。空间不再是一个徒有虚表的存在，而是可以带给顾客切身体验、让顾客感受超越快乐的价值空间。

体验是品牌和顾客建立联系最直接的方法。要把顾客的每一次到访都当作一次传递品牌形象的机会。到访企业精心打造的特定空间，顾客需要花费相应的时间成本和金钱成本，如果顾客到达后没有收到适当的回报，他们的期待无法得到满足，就会失去对于品牌的信任，顾客对企业的印象就会朝向企业所期待、预想的反方向发展。他们还有可能通过社交媒体表达一些负面的情绪和评论，这种负面影响会通过互联网迅速地扩散开来，最终作用于品牌。

神经学家唐纳德·卡尔内（Donald Calne）说过："理性得出结论，感性促成行动。"顾客购买商品时，最初的动因是商品的性能和选择商品的理由，但是感性却促使他们做出"我更喜欢这个"、"这个更符合我的心意"的判断。[11] 所以商品的设计要超越顾客对商品性能的喜好，而表现出热情、感性、亲近感等内涵。有研究结果表明，决定人们购买行为的两个因素里，感性因素比客观因素重要 2 倍以上。[12]

来自世界各地的参观者访问苹果品牌专卖店的时候，都会对卖场内通体透明的玻璃楼梯留下深刻的印象并发出感叹。超现实主义风格的玻

上海国金中心苹果专卖店（一）© 王世学

璃楼梯以其极简的外形清晰地表达了苹果公司拥有的高精尖技术实力和未来指向型的产品理念。人们在感叹建筑本身化繁为简的表现张力的同时，也会直观地感受到苹果公司为这个成果所做出的巨大努力和贡献。[13]

这个极富视觉效果的玻璃楼梯正是史蒂夫·乔布斯（Steve Jobs）策划的空间装置。乔布斯一直希望建造一个可以明确传递品牌核心形象和价值、能够给企业员工和到访的顾客都留下深刻印象的公司大堂，即使在被苹果公司赶出创立 NeXT 电脑公司的时光里，他也从未放弃自己的计划。为此他特别邀请了建筑师贝聿铭（I. M. Pei），委托他设计了这个看起来好像飘浮在空中的楼梯。为了达到设计想要呈现的效果，施工的过程中甚至修改了原建筑升降梯的位置，这个玻璃楼梯日后成了苹果品牌专卖店的核心象征。[14]

空间作为核心感官刺激是品牌最强大的辨识要素。正如品牌研究学者戴维·阿克（David Aaker）所描述的那样，用视觉内涵打造品牌强烈的辨识度。[15] 要将品牌赋予情感要素，就必须构建一个与品牌在情绪表达上相通的空间。这个品牌空间所呈现的形象，是刺激我们大脑最直接和有力的要素。[16]

上海国金中心苹果专卖店（二）© 王世学

空间的"面孔"

在韩语词典里,找一个词来替代形象,那一定是"面孔"。从朝鲜语中"얼굴"一词的词源,能够更加明确地发现两个词之间的关联。"얼"是灵魂、头脑、内心;"굴"是内部,表示骨头、形式、框架、雕像、形状、模样、器皿、骨骼。结合起来,"얼굴"就是盛装着灵魂的容器。经营咨询顾问西蒙·辛克(Simon Sinek)用外形像靶心似的同心圆图标——黄金圈对"얼"字进行了解释。黄金圈最外面的圆代表"what",中间的代表"how",最里面的代表"why"。每个企业的经营者或者员工都清楚自己在做什么,并且他们中一些人还清楚地知道要怎么做,却很少有人知道为什么要这样做。这就如同"企业为什么存在?"等类似问题一样。这个问题的答案就是信念、灵魂、精神。辛克说,人们不会因为你做的这些事情而产生购买行为,但是却会因为做这些事情的理由而实施购买。[17] 顾客只会基于情感、心理和社会文化原因以及实用性和目的性来购买商品。[18]

信念的重要性是过去数十年经营学的两个重大发现之一。商业想要从根本上得以发展，需要从两个方面进行：第一，本质上的创新是提高企业长期竞争力的主要因素；第二，研究激发人们购买欲的方法。然而随着时代的变迁，"购买商品"逐渐被"购买意义"所取代。所以，用于展示品牌形象、印象的空间一定能让商业意义具体化，就是要使顾客在空间中能够发现商业的目的和含义。没有意义的空间很难实现品牌空间塑造的目的。

品牌存在的理由是多种多样的。同理，空间的内涵与表现形式也是多种多样的。MyZeil 购物中心位于德国的法兰克福，它的设计灵感来源于流动的江河，建筑物外立面有一个类似水流旋涡的凹陷，看起来就像天空上的一个孔洞，建筑的内墙表面运用动态高科技的影像技术，营造了瀑布飞流直下的视觉效果。日本德岛博物馆（Teshima Art Museum）则运用了与 MyZeil 购物中心完全相反的表现形式，保留了自然原始的静态、缓慢的表现形态，整个博物馆只用于展出一件作品。这两个截然不同的例子说明空间的定位没有绝对的对错，只要空间的表现形式能够承载、体现该企业的价值观，那么空间的塑造就是恰当的、合理的。

2014 年纽约曼哈顿的广告代理公司 Barbarian Group 将公司的办公空间重新改造装修后对公众开放。装饰一新的办公空间中有一个将所有的办公桌连接在一起构成的名为"Superdesk"的超级办公桌，极具创意的空间展示迅速引发了广泛的关注。作为一家提供交互式营销服务的广告公司，该设计充分地展示了团队的创新、创意能力。

Superdesk可供170人同时使用，充分展示了"团结一致"的企业核心价值，即企业的"why"，将协作性融入一个空间内进行展示，这就是公司的品牌经营。这个创意空间不仅给来访的客户留下了深刻的印象，也在无形之中对员工宣传了企业的价值观，传递了创意的能量。

MyZeil 购物中心（一）© 金柱然

德岛博物馆 © 金柱然

Superdesk（一）© 金柱然

Superdesk（二）© 金柱然

展示真实性和价值的方法

新一代的消费者是富有创意的一代,他们更加追求那些自然环境中真实的体验。[19] 越来越多的顾客认为,企业的真实性与企业服务以及产品质量是同等重要的消费依据。[20] 人们在保障基本生活价值的基础上,追求丰富多彩的情感和精神生活。所谓价值,即有用的、能够满足需求和值得期许的东西。企业能够提供给顾客的价值有四个方面:第一是功能价值,它包括服务品质、设施设备、专业性、便利性;第二是社会价值,它包括帮助顾客强化身份、建立自尊;第三是情感价值,指那些能给顾客带来神秘性、愉悦感的体验;第四是稳固的关系价值,包括帮助顾客建立对于企业的信心、企业给予顾客的特殊待遇与优惠。[21]

未来企业商业价值能否增长取决于企业能否将顾客的认知与企业的价值观相统一,从而让顾客感受到企业的真实性。空间可以成为连接企业与顾客的纽带，顾客作为认知的主体，通过空间体验感受和评价企业的真实性，并与企业建立起某种价值联系。空间体验带来的价值通过视觉、听觉、触觉、嗅觉等感官上的刺激来体现。消费美感的审美刺激、消费享乐和愉悦的娱乐刺激以及随着消费而展现财富和身份的象征性刺激等，这些刺激构成了体验感的一部分。

品牌的真实性是企业为了满足消费者期望而应尽的基本义务和责任，它通过三个领域来表现：一是由企业的开放性、投放广告的真实性、兑现品牌承诺等构成的"沟通的真实性"；二是由企业经营者的管理能力、产品服务的独创性、品牌质量的一贯性等构成的"管理的真实性"；三是由社会责任、环境责任、公平性以及企业与供应商的关系等构成的"社会的真实性"。[22]

判断价值的主体是顾客而不是企业，认识到这一点非常重要，所有的努力都应该从主体的立场出发。空间形象的塑造必须以顾客的立场和想法为出发点，依据顾客的思维和想法来决定。品牌空间如何与顾客建立积极的关系？品牌空间能为顾客的来访提供哪些价值？针对这两个问题，设计学家金智贤在研读博士学位时进行了深入的研究和探索。他将品牌空间大致分为三类：以顾客使用功能为价值导向的功能型空间；为顾客带来愉悦和情感价值的体验型空间；注重赋予顾客社会性、利他性价值的语义型空间。品牌空间的塑造就是企业根据所掌握的客户价值取向，用前文提到的一种或是多种混合的方式来呈现。综上所述，可以从三种方向进行空间品牌塑造：追求形式功能的价值、追求行为关系的价值和追求语义目标的价值。[23]

首先，追求形式功能型的品牌空间塑造。这种空间的塑造是以空间的功能价值为导向，发挥空间最本质、最基本的作用，塑造能够给顾客带来满足感，具有方便、易用、舒适环境等便利功能的空间为目标。其审美形式意味着对这种视觉表达的满足，最终以空间形态、外观轮廓的差异性、风格搭配等形式呈现出来。这也是一种品牌化的方式，通过和谐统一的主题、符号产生联想，一种用故事性、趣味性唤起人们对品牌产生联想形成空间记忆的方式。

日本的无印良品和韩国的 Dr.Jart+，是以形态为基础展现功能价值的优秀案例。无印良品用一种简单、从容的商品陈列形式布置卖场，这种商品陈列的形式直接形成了无印良品所有门店的装饰风格，充分地表达了企业"这样就足够了"的经营理念。这种简约而质朴却不失功

大阪无印良品 ©wing 1990 hk

Dr.Jart+ 过滤空间 ©Dr.Jart+

能性的形象,恰到好处地表达了无印良品"便利属性"的品牌价值。韩国品牌 Dr.Jart 在品牌形象尚未确立之时,希望通过对皮肤至关重要的元素水、空气和光的组合来构建一个品牌空间,这个空间能够表达"皮肤原本健康"的品牌价值理念,他们经过深思熟虑提出了打造"过滤空间"的想法,人们可以在这个空间里体验净化的水、空气和光。2016 年,Dr.Jart+ 推出品牌的第一家旗舰店,成功地实现了这一想法,这家旗舰店被设计成一个化学实验室的形象,内部用不锈钢板材进行空间分割,后期成为顾客每季体验新品的专属空间。Dr.Jart+ 通过进一步研究发现睡眠对现代人皮肤以及身体健康有着重要的影响,因此建立了一个睡眠研究所。通过这个空间用审美形态展示品牌的功能价值,从而成功地打造了品牌形象。

其次，追求行为关系型品牌空间塑造时，应积极建立空间与顾客之间的互动联系，比如吸引顾客自主体验、交流或者促使顾客的主动参与等。品牌空间里的行为关系大致可以分为三类：一是顾客在访问空间时，积累愉快体验的自主行为；二是顾客对品牌空间内准备好的互动内容能够进行主动反应、互动参与并得到满足；三是顾客会在品牌空间内偶尔举行的特卖、抽奖活动等偶遇的随机事件里获得惊喜与愉悦。

品牌空间想要发挥作用不能单纯依靠空间的构建，后期团队的管理和运营也起着十分重要的作用。企业的运营团队会策划一系列灵活多变的形式对空间进行运营与管理，希望借此发挥品牌空间的价值传播功能。当品牌方可以通过这些根据顾客的生活方式量身定制且丰富多彩的运营项目来提高娱乐性事件的价值时，品牌空间的效益才能达到最佳。

美国的耐克公司和韩国的 Musinsa 品牌是成功构建出行为关系价值空间的两个品牌。1996 年，耐克公司首次在美国第五大道开业的 Nike town 旗舰店展示了这种价值空间。这家旗舰店抛弃了既往销售至上的观念，而是在店内给顾客提供了一个能够充分感受耐克公司"just do it"品牌理念的空间。当时耐克公司的管理层认为，顾客的亲历互动体验比单向传播的品牌广告更具有说服力。耐克的这家旗舰店被打造成了一个巨大的体验空间，建筑外观采用了 20 世纪 60 年代纽约公立学校体育馆的经典样式，外墙由红色墙砖和拱形窗户构成，室内的墙面上悬挂着"荣誉、勇气、胜利、合作"八个代表体育精神的大字。空间的中心是以篮球明星迈克尔·乔丹为代表的各种体育项目明星玩家的互动空间，被耐克的追随者们称之为"圣殿"，因此，这里成为曼哈顿地区的著名景点。开业以来,每天约有 15000 名顾客登门进店。即使在 2020 年线下商店不断紧缩关闭的情况下,耐克公司仍然开张了一家"NYC House of Innovation 000"的旗舰店。旗舰店仍旧延续了耐克城沉浸式体验的特点,通过量身定制等多种方式建立了又一个基于行为关系的品牌空间。

美国纽约 Nike town 旗舰店

韩国著名的线上商店 Musinsa 于 2019 年 9 月在韩国著名美术院校弘益大学对面开设了第一家线下的实体门店——Musinsa Terrace。弘益大学的周边一直以来都因这所著名美术院校的存在而成为时尚和潮流的代名词。这个线下实体店的开设是一次大胆的尝试,店内空间设计遵循了"完全彻底体验 Musinsa"的品牌原则,整个空间中只有四分之一的区域具有商品销售功能,其他部分全部用于品牌的体验活动。众所周知,线上商店由于缺乏和顾客面对面的机会,很难通过品牌自身创造出其他高附加价值的产品,为了克服这一弊端,Musinsa 公司进过精心策划开设了线下的实体店,利用这个实体空间举办多种多样的活动,通过品牌空间的营造让顾客可以直接体验到 Musinsa 的"潮流文化"。顾客只要莅临店铺,就可能体验到购物节,参与电影首映式,观看现场表演,享受美食,观看时装秀,欣赏设计展等多姿多彩的现场活动,这些项目就是 Musinsa 带给顾客的"娱乐性事件的关系价值"。

线下实体门店——Musinsa Terrace©Musinsa Terrace Instagram

最后,追求语义目标价值型空间时塑造强调的是品牌的社会属性,也就是说,品牌空间的价值超越了企业的个体层面,上升到影响公众与文化的社会层面，品牌空间可以改善周边社区的生活质量，增加公众的幸福感。基于语义目标价值可以分为两个子值：第一个子值是追求地域价值的表现，主要考虑品牌空间所处的地域、场所等周边环境、历史文化传承性的价值；第二个子值是以顾客为出发点，把品牌空间本身打造成公共文化财产对公众开放的方式。随着近些年来，城市空间复兴成为人们热议的话题，也从一个侧面反映出顾客对于历史文脉价值与场所精神传承的重视。

追求语义目标价值空间品牌塑造的典型案例是位于荷兰阿姆斯特丹的香奈儿商店。2016年，香奈儿公司在奢侈品店集聚的豪华购物街上开

水晶屋设计案例

设了一家极具创意性的门店。这是一间由荷兰 MVRDV 建筑师事务所设计的水晶屋，设计师用通体透明的玻璃砖将这个传统建筑的首层与第二层的原始砖块换掉，用玻璃替换了原有的窗框，使整个建筑物变得晶莹剔透起来。夜幕降临，商店的整个空间都被透明地投映到街道上，呈现出美艳绝伦的形象。香奈儿公司在不影响街道整体风貌的情况下，通过极具创意的设计与街区脉络完美地结合在一起，完成了基于语义目标价值的空间塑造。目前，该建筑由它的持有者——阿姆斯特丹的豪华零售房地产投资商 Warnar 转租为爱马仕奢侈品牌使用，继续延续着它的价值。这个案例成功地说明了与地域文化结合良好的空间可以为任何品牌带来积极的印象。

澳大利亚全球化妆品品牌伊索公司（Aesop）。每到一个城市，都会基于该城市的文化理念进行店面设计，旨在建立一个能够代表所在城市文化和地域性的空间，因此伊索品牌在世界各地的门店装饰风格迥异。伊索公司秉承着"将每天的日常生活提升一个新高度"的企业价值观，将这种价值观释放给那些保留着城市固有脉络的场所空间。店铺布置成极少装饰和包装的视觉效果，在没有广告的情况下实现了对伊索品牌空间的塑造。温度、音乐、气味、触感等强大细节构成了伊索的品牌标识。

韩国标志性的美妆品牌 AMOREPACIFIC 为旗下的爱茉莉系列化妆品精心设计的爱茉莉圣水店于 2019 年在首尔城东洞开业了，这是一个专注于顾客体验的大型共享空间。城东洞是年轻人心中正在崛起的一个"热点"区域，这里的观感是个与化妆品行业完全没有相关性的工厂地

位于首尔城东洞的爱茉莉圣水店 ©Amore Seongsu

带,粗犷的视觉形态似乎与化妆品行业格格不入,但这种风貌恰恰受到新生代消费群体的喜爱,他们认为这种冷酷的异质性很符合他们非主流的价值观。为了使这些新生代顾客可以自由地体验 AMOREPACIFIC 的化妆品,爱茉莉公司特意设计了一个中心景观——"圣水花园",用以消除曾经的汽车修配厂遗留的痕迹与边界。为了让顾客能充分体验到化妆品的涂抹功能,爱茉莉公司在品牌空间塑造的过程中,去掉了空间里所有妨碍化妆品试用的障碍元素。顾客沉浸在一个充满了共享与保护的社会价值空间中进行产品体验,最终实现了爱茉莉公司的品牌空间定位。

品牌空间设计的开始：普拉达埃菲中心

普拉达埃菲中心（Prada Epicenter）可以说是现代空间品牌化的起点，因为伴随着这个空间的成功运营复活了普拉达集团已经停滞的商业活动，重新缔造了普拉达的品牌形象，使普拉达这个传统的奢侈品牌形象焕然一新。埃菲中心也因此成为史无前例的凭借空间设计使品牌运营获得成功的经典案例。虽然这是一个购物空间，却完全不以消费为导向，而且这种状况一直持续了 20 年仍然方兴未艾。

2000 年，濒临破产的普拉达品牌决定背水一战。普拉达品牌创始人的孙女、首席设计师乌齐娅·普拉达女士将品牌的生死寄托于空间形象的塑造上，旨在建立一种全新的方式吸引公众。她经过慎重的思考，认为随着在线购物的扩展，线下商店的地位渐渐消失是未来商业空间的发展方向。博物馆、图书馆、机场、医院以及学校和购物中心的空间属性将越来越难以区分，商业空间将不再是为了实现特定盈利目的而存在的专属空间。

普拉达埃菲中心（一）© 金柱然

2001年，纽约普拉达埃菲中心在纽约曼哈顿SOHO地区正式开业。这家最初连招牌都没有的旗舰店后来成为普拉达品牌扭转乾坤的空间项目。普拉达公司经过谨慎的筛选，最终选择了建筑师雷姆·库哈斯（Rem Koolhaas）担任这个极富挑战性项目的设计工作，在此之前雷姆·库哈斯从未做过任何关于奢侈品牌的空间设计，但是他已完成的项目都因为探索性的工作而创造了令人震惊和陌生感的建筑。这次库哈斯果然没有辜负普拉达品牌经营者的期望，他选择了一种与众不同的做法，建造了一个完全不像商店的商店。在租金极其昂贵的曼哈顿SOHO地区，库哈斯将所在建筑一楼的地板钻掉一半，其木制曲线就像是滑板体育场的半管场地，使其与地下空间直接相连，成为一体。凭借这个奇妙而令人震惊的空间形式，普拉达成功地迎来了品牌的拐点，颠覆了公众对普拉达原有的奢侈品印象。

据说乌齐娅·普拉达本人在项目的初始阶段亲自去荷兰鹿特丹拜访了库哈斯，表达了"我们不希望您重现普拉达原有的门店模式，请更改购物的概念，我们需要一个完全不同以往的购物空间，这个空间将提供一种全方位的感官体验"的想法。普拉达集团对这个旗舰店既定的设计目标是一次对普拉达品牌空间的全新塑造。在普拉达埃菲中心，空间里的主角不再是普拉达品牌琳琅满目的商品，而是空间本身。普拉达的商品在空间里只是随意地摆放着，人们在这里可以像在画廊里体验装置艺术那样去享受丰富有趣的体验。半管的结构形态给人们留下深刻的印象，隐藏在其后面的设备足以接纳像时装秀一样的各种事件。空间不再是一种固定的感觉，甚至略显不安。而这种不安正是库哈斯的前瞻性设计希望呈现的，这个空间随时可能成为一个电影放映厅、音乐表演剧场、时装秀场、演讲空间、美术作品展示画廊等不断变化节目的全新场所。乌齐亚·普拉达认为"任何事物一旦完美就会变得无趣，所以要勇于尝试新的改变、勇于试错"。普拉达埃菲中心空间给人的印象清晰地展现了普拉达品牌所追求的勇于创新、不怕犯错的品牌理念。

普拉达埃菲中心(二) © 金柱然

Chapter 02

02_ 感官和认知体验

午后四点的咖啡

"这里的氛围不错啊!"

人们在走进咖啡厅的瞬间会对这个空间有一个直观的感受和判断。2009 年获得建筑界的诺贝尔——普利兹克奖的彼得·卒姆托(Peter Zumthor)这样形容,"真正高品质的建筑是能够给人们带来感动的建筑。那么是什么感动了我们呢?一定是氛围!"我们所能感受和判断的其实就是氛围。虽然空间里的灯光、音响、气味等所有信息都会对氛围产生影响,但视觉印象无疑是影响氛围判断的最重要的因素。人们通过第一印象来感受空间氛围,这个氛围对顾客心理的影响决定了顾客对于品牌的好感度,[24] 从而最终影响到顾客的消费态度。

提及"午后四点的咖啡",您会想到什么?大多数人头脑中即刻浮现的是某种氛围或者某些场所,而不是咖啡本身的味道。大数据专家宋吉荣通过研究发现，人们在午后四点喝咖啡的真正目的是为了同事之间的情感交流，它的本质是一场同事之间的社交活动，因此聚会的场所比咖啡的味道更为重要。"午后四点享用的咖啡品牌已经不重要了，重要的是要拥有一个舒适惬意、不受别人打扰的私密环境。"[25]宋吉荣指出，人们在不同时间消耗着不同类型的咖啡，如果说清晨咖啡是为了醒来后开始一天工作的功能性咖啡，午餐后的外带咖啡就是边走边喝的展示咖啡，故而杯上的品牌标识才是重要的选择因素；而午后四点的咖啡就是情感咖啡，大多数坐在咖啡馆里喝着咖啡、聊着天的人们，并不是在品尝咖啡的味道，而是在享用着咖啡馆里的空间氛围。

韩国高端咖啡品牌 Terra Rosa 的首席执行官金容德认为，咖啡的售卖场所与咖啡同等重要。在 18—19 世纪的法国巴黎或奥地利维也纳，咖啡馆文化流行得如火如荼。当时流传着这样一句俗语，"想要判断一个人是什么样，看看他去了哪家咖啡馆就可以了。"人们所出入的场所、空间体现着他的品位和社会地位，当时的社会名流，像卢梭等很多哲学家即便是喝一杯咖啡，也一定要去自己内心认同的咖啡馆。[26]

星巴克是一个全球知名的咖啡连锁品牌，它创建了不是家，也不是办公场所的"第三种空间"理念。星巴克运用了一种空间平台型的商业模式，它将品牌下的咖啡厅打造成一种既售卖咖啡，又为顾客提供除家以外的另一处休息场所，一个避风港，一个顾客可以舒适享用的空间。[27] 2001 年，星巴克在奥地利维也纳歌剧院对面开了一家门店，时任星巴克集团董事长的霍华德·舒尔茨（Howard Schultz）发表致辞："我们会让来自全球的顾客都知道我们的咖啡厅不同于维也纳的其他咖啡厅，顾客会把我们的星巴克咖啡厅当作他们另外一个家，一个存在于住所与办公室之间，可以结识更多朋友的心灵港湾。"[28]

这段致辞的奥妙之处在于没有任何关于星巴克咖啡味道的介绍与描述。因为星巴克的经营者认为，在咖啡专卖店里提供一定水准以上的咖啡味道是咖啡经营的一项最基本的条件而无需赘述。星巴克将主要业务范围确定为不仅售卖咖啡，而且提供一个休憩的港湾和空间，一个能够创造奇妙的体验、放松身心以及建立良好的社区和人际关系的机会。[29] 舒尔茨董事长主张星巴克的所有门店都要经过精心设计以提升空间品质，满足顾客视觉、触摸、听觉、嗅觉和品尝体验的需求。不久前，星巴克重新确定了打造"充满灵魂的空间"的商业定位战略，为了实现这个商业目标，设计师在门店的照明设计中格外的倾注了大量的心血。[30]

星巴克门店

星巴克认为他们售卖的不是咖啡而是文化。星巴克在哪里开业，都会带动其周边建筑和环境价值的增加，因此诞生了一个流行语"星巴克商圈"。由此可见，星巴克经营的本质就是通过空间创造商业价值。

空间、城市、建筑和室内装饰是能够最直接带给人们艺术方面感官体验的艺术形式。我们每天在这些场所或场景中生活、工作、购物，甚至进行宗教活动，如此亲密而又熟悉，以至于我们往往忽略了空间的存在，也不会去思考空间的成本、价值和效用。

然而无论是企业或是个人，都有很多因为充分认识并利用空间的作用及重要性而成功领导商业的案例。韩国的现代信用卡集团致力于打造引人入胜的图书馆空间、Gentle Monster 把空间体验作为品牌经营的战略成功地吸引了大批追随者。史蒂夫·乔布斯于 2010 年为纽约曼哈顿 5 号的苹果品牌专卖店外观申请了品牌形象注册，在乔布斯去世后，这个外观设计经历了两年九个月时间的申请于 2013 年获得了外观设计专利。苹果品牌运营的成功，再次证明了空间对于商业活动和品牌体验的重要性。如果说乔布斯的商业计划是拓展其商业版图最重要的那枚钉子，那么成功的空间塑造就是帮助这颗钉子实现其商业价值的实锤。

如何在五天之内做一件需要五年才能完成的事情？

1996 年，英国广播公司播出了一部名为《语言大师》(The Language Master) 的纪录片。[31] 该纪录片记录了米歇尔·托马斯 (Michel Thomas) 为伦敦城市与伊斯灵顿学院的学生开设的为期五天的全日制法语课程。托马斯是一位通晓 11 国语言的语言学家，并因其开创的独特的学习方法而享有盛名。他曾经在第二次世界大战期间担任盟军的间谍兼新闻官，被俘后从纳粹集中营死里逃生，并在战后俘获了 2000 名以上的纳粹战犯。特殊的经历使他对模糊混乱和不确定性引起的心理状态有着透彻的了解，他发现模棱两可的模糊心态和不确定性会将人的情感因素放大，当人们心中充满不确定性时，焦虑会变得更加焦虑，而喜悦亦会变得更加喜悦。他对学习氛围和空间的氛围格外关注，在这次法语课中他提出："提高学习效率的关键就是要去除空间里所有与学习相关的紧张和不安的因素"。[32]

托马斯认为，在人类可以学习的对象中最有差异性的事物就是一门新的语言，学生们在接触一门新语言时会本能地排斥这种差异，在心理上设置防御网，从而形成学习上的阻力。所以语言教师应该最先解决的课题就是破除这种障碍，消除这个心理上的防御网。此时，就体现出空间氛围的重要性。在扫除这个学习障碍的时候，一定要摆脱那种传统的、给人带来不安的教室气氛，营造一个令人平静、安稳舒适、能够引起好奇心的空间氛围。

托马斯在上课前更换了传统的教室家具和设备。将高靠背的扶手椅成椭圆形布置，拉上蓝色的窗帘，调暗灯光照度，在扶手椅的旁边还放置一些屏风，以此来打破教室原有的严肃紧张的气氛。经过对教室环境的改善，营造出截然相反的、舒适温馨的气氛。运用这种独创的方法，托马斯进行了为期五天的法语教学。课程结束后，学生们普遍反映，在五天里他们获得了用五年时间才能达到的法语水平。

由此可见，空间对我们的精神乃至肉体都产生了巨大的影响。我们的教学空间到底是在帮助我们还是在干扰我们学习呢？空间影响着我们的活动，也就是说构成空间的所有要素能够引起我们心情的紧张、兴奋、松弛或是平静。[33] 因此在进行空间设计之前，应当根据空间的使用目的审慎考虑。

我们都有过这样的体验，在适度嘈杂的咖啡厅里进行学习，学习效率往往高于安静的家庭环境或者学校的图书馆，轻微的噪声可以给人带来心理上的安全感，我们把这种轻微的噪声定义为白噪声。白噪声具有覆盖周围噪声的功能，因为它的低频很容易在耳朵中以均匀且恒定的声音存在，例如雨声、无线电噪声和咖啡馆中的日常噪声。所以，这些噪声不但不会干扰工作，反而刺激了人类脑电波中的阿尔法波，从而使注意力越发集中。

人类为什么会受到这些看起来如此琐碎因素的影响呢？因为人类在进化的过程中学会了如何适应环境并响应周围的环境。当我们发现眼前的事物超出自己认知的瞬间，大脑会试图快速解读周围的环境并调整身体和思想与之相配合做出适当的反应，从而为应对其他事情保存精力。在这短暂的瞬间，大脑在不断地寻找线索，利用一切可以获取的信息去选择最理想的应对办法。这就是空间必然会对人产生巨大影响的原因。[34] 人类的大脑和身体都本能地对周边环境敏锐地做出反应。

在商业领域，人们也逐渐发现空间对于提高生产力的作用并加以重视，这些都与近年工业格局的变化密切相关。世界经济论坛发表的 2006 年与 2016 年世界十大企业对比报告中指出，2006 年世界前十位企业中能源类、电子类、金融类企业占据着主导地位，仅有微软一家信息类产业公司。但是到了 2016 年，这个格局发生了巨大变化，苹果、谷歌、微软、亚马逊、脸书五个信息类企业包揽了排名的前五位，这种情况说明尖端知识信息产业已经取代制造业成为产业格局的新中心。在基于系统和组织文化的制造业时代，企业的运营是不依赖于员工个体想象力的，然而在信息类产业中企业发展的源泉依靠的是企业成员的创意能力和想象力。企业成员个人的想象空间对于整个企业的成长和运营至关重要，为了支持员工进行创造性的活动，这些信息类企业的工作空间近些年来发生了显著的变化。

谷歌和脸书等信息类企业的办公空间与传统的办公空间大相径庭。传统办公空间的平面布局会根据员工的工作性质分门别类地设置不同的部门和等级工位，这是一种能够提高传统行业工作效率的方式。但是这种布局却有可能阻碍创意性思维的产生，[35] 现代信息类企业的办公空间往往给人一种散漫无序的感觉，这种散漫无序其实与白噪声有着异曲同工之妙，都是依靠适度的杂乱来提高员工的专注力。这是信息类企业为了提高企业生产力，通过对人的行为与空间研究得出的结论。乔布斯的皮克斯公司大楼的创意就是在这种散漫无序空间中的偶遇和讨论产生的，他提出"如果建筑不能对我们产生正向刺激，那么我们可能会错过相当一部分由意外发现带来的创新和不可思议的变化"。[36]

托马斯试图改变教室环境的尝试引出了一个重要的议题，即空间的规划是否真正符合其使用目的。学校能否提供最有利于专注学习的空间，企业能否提供最有利于提高生产力的空间，因为只有正确的空间氛围才能够促进良性结果的产生。

相关视频内容请参见相关网站中一部名为"语言大师"（The language Master）的有关米歇尔·托马斯（Michel Thomas）的介绍。

空间对大脑的影响

建筑师路易斯·康（Louis Kahn）设计的索尔克生物研究所（Salk Institute）被誉为 20 世纪最伟大的建筑之一。医学家乔纳斯·索尔克创立了这个能够俯瞰太平洋的生物研究所，他用自己真实的经历证明了空间可以对人们产生怎样的影响。索尔克在美国研发小儿麻痹疫苗的项目时曾经一度陷入僵局，他索性暂停了手中的工作，飞到位于意大利中部的城市阿西西度过了一个短暂的假期。然而出乎意料的是，那里的阳光、美丽的风景、圣弗朗西斯大教堂神圣的气氛激发了他的灵感，让他想出了解决疫苗问题的方案。索尔克带着来自阿西西的灵感继续深入研究，最终成功地研发了这种疫苗。这次特殊经历让索尔克深信空间能够激发人的创意和灵感，因此索尔克在筹建私人研究机构的时候，就试图找到一个类似阿西西一样美丽的地方，最终他选择了加利福尼亚州南部圣地亚哥附近的拉荷亚镇，并委托路易斯·康进行建筑空间设计。他对康讲述了自己在阿西西市的经历，并要求他们

索尔克生物研究所 © 金柱然

设计一个能够激发研究人员想象力的工作空间。1965年索尔克生物研究所落成,这是一个被誉为建筑师死前必看的建筑之一。[37] 最终康设计的索尔克生物研究所有着异高的顶棚、宽大的窗户和开放的空间,实际上这个建筑成功地刺激了研究人员的灵感,这个私人设立的研究机构先后产生了11位诺贝尔奖获得者。

有趣的是,正是在这个生物研究所里我们取得了空间环境能对人脑产生影响的科学依据。在此之前科学家们一直认为人脑无法再生,直到1998年,索尔克生物研究所的弗莱德·盖奇(Fred Gage)研究发现人脑在死之前会不断制造新的脑细胞,人脑负责学习和记忆的海马区每天都会产生数千个神经元。2007年弗莱德盖奇通过对小白鼠的实验得出了空间环境会对脑生长产生一定的影响的结论。实验中弗莱德·盖奇将小白鼠分成两组,一组放在只有水和食物的空间;另一组放在具有很多刺激元素的迷宫里。其中在迷宫环境中的水和食物的位置以及迷宫的结构每天都会变化，这个改变令小白鼠的大脑活动激增。经过对比发现，在迷宫环境下生活的小白鼠的大脑增大了15%，新产生的神经元比原有的神经元也更加活跃。这一发现被认为是空间影响大脑和身体的第一个科学证据。当人类面对新的有趣的空间时，大脑会创造成千上万的神经细胞来记忆新的体验。

空间环境不仅可以激活大脑，还可以参与新的脑细胞生成。这一科学事实对那些空间认识不足的普通人造成很大的冲击。因为我们生活的空间可以使我们的大脑更健康，反之也有可能令我们的大脑退化。所以空间设计超越了单纯的空间功能和美学层面，上升到能够影响人类健康的社会层面。2011年，空间设计学家盖奇在接受英国第四频道纪录片节目《建筑物的隐秘生活》的采访中表示，由于建筑或空间环境对人类大脑的活动有着很大影响，空间设计学家和神经学家应该协同工作，建造出能提高人类能力和行为发展的空间环境。

索尔克是一名医学家，但是他同时加入了美国建筑学学会，并邀请学会会员进行建筑空间与创意能力之间相关性的研究。在他的邀请和资助下，2003年神经建筑学会成立了。现在学会基于两大假设进行研究：第一个是空间对人类认知思考有着直接或者间接的影响；第二个是空间对人类认知的影响是可以被测定的。[38]

神经建筑学主要致力于研究人类如何通过空间获得幸福。实际的研究结果表明，人们在具有不同层高的房间中解决问题时，在层高较高的房间中往往更加自由和富有创造力，而在层高较低的房间中则表现出仔细处理既定工作的更多优势。

索尔克认为神经学家和建筑学家有必要共同研究空间对于人类大脑的影响。未来空间对人类生活的影响将不断深入，我们的空间环境终将发生更多的变化。

相关视频内容请参见相关网站中有关"索尔克建筑（即索尔克生物研究所）——学习细节"（Salk archite cture——Study detail）的介绍。

通过五感感受空间：Gentle Monster

传递企业信息最有效的方式不是只有视觉，还可以通过视觉、味觉、嗅觉、触觉、听觉五感共同进行。超市入口通常会设置鲜花卖场，百货商场会在一楼设置香水和化妆品柜台，就是因为经营者希望利用芬芳的气息展示给消费者一种积极美好的形象。洛克菲勒大学对人类的感官记忆进行研究后发现，人类能够记住 1% 的触觉感受、2% 的听觉感受、5% 的视觉感受、15% 的味觉感受、35% 的嗅觉感受。[39] 这也是商业思想家汤姆·彼得斯建议不要追求顾客满意度，而是专注于为顾客提供体验的原因。因为顾客的体验比单纯的服务更具有整体性、概括性，也更感性、更强烈。皮德斯认为，与体验相关的关键词如情节、事件、相遇、冒险、知觉、生活、存在、品尝、感受、体验、经历……除了品尝之外，所有关键词都与空间有关。[40]

Gentle Monster 弘大首尔店 © Gentle Monster

Gentle Monster 是韩国一家专门经营眼镜的品牌，该品牌自 2011 年诞生起就迅速在国际范围内发展起来。品牌在最初创立阶段就提出了拓展品牌认知度的"体验性品牌"战略，通过在营销空间与品牌接触的过程中创造独特的空间体验打造品牌的知名度，让客户认识到品牌的价值。[41]Gentle Monster 的品牌目标是"为引领潮流的潮玩者打造独特、与众不同的品牌"。除了独特的产品外观设计外，还通过举办各种激发文化动机的品牌推广活动，成功地塑造了品牌文化。

Gentle Monster 的董事长金翰国提出始终贯穿品牌店铺的三个概念 —— 不可预测（unpredictable）、荒诞的美丽（weird beauty）和感知力（perception）。Gentle Monster 的每一个卖场都充满了不同主题的幻想和童话般的故事。位于弘大地区旗舰店的关于火箭主题故事，讲述了一个失去宠物狗的男人在逐渐老去的过程中所表现出的热情、盲目和矛盾。故事的主角在梦中看到自己曾经的宠物狗在一个未知的星球上跑跳玩耍，所以下决心造一个火箭去寻找自己的宠物狗。这个故事以不可预测的空间构成贯穿了整个卖场的一至三层。[42]2018年开业的新沙洞旗舰店讲述的是白乌鸦的故事，故事随着空间的流动从乌鸦们被奇怪的生命体侵略直至被剥夺家园依次展开。[43]以至于第一次访问卖场的顾客不禁提出疑问：设计师们是不是疯了？但这恰恰符合了 Gentle Monster 设计团队的初衷，事实上为了创造这个独特的空间，Gentle Monster 的设计师们在设计之初就在思考怎么才能疯狂呢？该如何表达疯狂呢？

Gentle Monster 这种以故事为中心的品牌空间设计由三个领域的设计师组成团队共同完成，空间设计、题材策划和装置艺术（kinetic，运动），其中空间设计师负责担任团队总监。这个团队没有任何外部人员，都是对 Gentle Monster 企业文化了解得深入骨髓的自有设计师，他们以表现力超强的装置艺术作品和隐藏的戏剧舞台效果吸引顾客，那些品牌的忠诚粉丝不是因为需要购买眼镜才会莅临，而是为了体验店铺空间。到访的顾客会在品牌空间随意拍照，随着这些照片在社交媒体上的发布，自然会引发话题。顾客也会为了炫耀在空间获得的体验而购买商品，这俨然是另一种促销。随着空间带给人们的好感持续发酵，再次引发了新的购买行为。客户购买并穿戴产品成为一种媒介,用以分享他们在空间体验中获得的快乐,购买 Gentle Monster 的太阳镜意味着购买的是故事的素材、一种与他人分享的谈资。

另一方面,由于眼镜这种产品的特殊性,购买前的试戴很有必要,可以说眼镜是顾客必须亲自到店才能购买的产品之一。想要吸引顾客走进门店,店铺必须提供除了商品以外,与顾客花费的时间、金钱成本相对等的事物,而这个事物就是艺术体验。Gentle Monster 的经营者基于这种理念制定了一系列精密的营销战略。如果 Gentle Monster 与其他品牌经营者一样只是专注于产品本身的设计和开发,把空间建设仅仅作为市场推广的最后一步,委托适度知名的外部空间设计师来做店铺设计,还会有当下如此著名的 Gentle Monster 品牌吗?事实证明,Gentle Monster 围绕空间进行商业品牌营销,另辟蹊径的品牌空间设计策略是一个明智之举。

Gentle Monster 是首家不依靠广告投入,仅凭品牌空间营销就取得成功的企业。绅士怪物将实体的卖场空间作为品牌形象传播的一个媒介、一种营销方式来经营,以空间为营销,以空间为品牌。现在 Gentle Monster 品牌成功的经营模式受到其他百货公司的青睐,北京华联集团董事长吉小安对 Gentle Monster 的品牌经营模式表现出了极大的兴趣。他委托 Gentle Monster 的设计团队对华联集团下顶级豪华百货 SKP-S 整个商场空间进行策划、设计和制作。2019 年 12 月 12 日 SKP-S 商场正式开业,开业即成为到北京必去一次的空间。整个百货商场的空间讲述了"移居火星后的新人类对过去的思念与回忆"

的故事。通过品牌空间的推广，打造了一个全新的、前所未有的、沉浸式体验商场。这次品牌空间营销成功地使SKP-S商场一跃成为全球单位面积销售额最高的豪华百货商场。

SKP-S商场（一）© 王世学

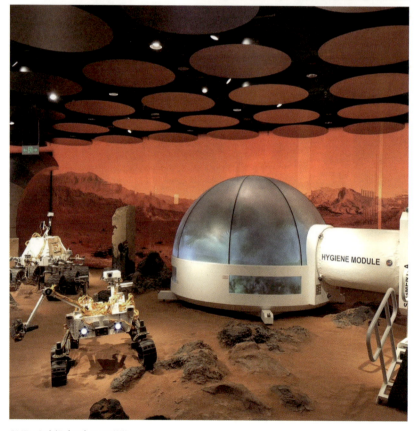

SKP-S 商场（二）© 王世学

Chapter 03

03_ 交流与灵感的空间

空间是身体的记忆

面对着美味的牛排,人们兴奋不已。灼热的铁盘上滋滋作响的牛排、空中弥漫着令人垂涎的香气、质地柔软又干净的桌布、带着冰凉触感的刀叉、牛排在口中翻搅味蕾慢慢扩散的感受,这所有的一切构成了我们品尝牛排的完整体验。人们通常认为,只有用舌头才能感知食物。实际上,食物的味道与餐厅的整体氛围息息相关,就餐顾客的耳鬓私语、服务人员的礼仪形象、餐位的布置方式、厨房飘出的香气等都影响着顾客的就餐体验,美食带给人的记忆是超越味觉由五感共同构成的记忆。

有研究结果表明,如果堵住鼻子品尝洋葱汁与苹果汁,那么我们很难单凭口味来区分两者,因为判断洋葱的重要条件就是它刺鼻的气味。所以我们在某种体验中会以一个感觉器官为中心,其他感觉器官辅助以增强中心感觉器官的感受,所有的感觉器官相互协作,共同形成了对这种事物的记忆。

空间的记忆是怎样形成的？我们又该如何记忆空间呢？人们普遍认为空间的体验主要依赖于视觉。而实际上，大脑中的信息与刺激有三分之二是依靠视觉获得的[44]，但是视觉上获得的信息传达到大脑之后会在瞬间引起类似情感记忆、控制、学习等相关活动，特别是位于眼球后面的眼窝额叶，它会带来情绪的补偿反应和愉悦。经过这个步骤，人类在看到某种美好事物的时候，大脑会条件反射地形成一种它很美丽的"感觉"。其他的感觉器官还会帮助视觉扩展和增强这种空间体验。[45]空间不仅可以通过视觉感知，还可以通过听觉和嗅觉感受到，[46]因为我们身体里所有的感官都是相通的，在看到的同时，还可以通过皮肤的触碰、嗅觉、听觉去感知它。[47]我们通过五感来感受和消费空间，就是要调动身体所有感官形成共感体验。法国哲学家莫里斯·梅洛-庞蒂（Maurice Merleau-Ponty）认为："人的知觉不仅是由视觉、触觉、听觉这几部分独立构成，我们还可以调动自身全部，以一个整体的方式进行全方位的感知。与此同时，被感知的对象也会对我们所有的感知活动进行反馈。"[48]这里所说的"整体"就是指通过我们的身体所能获得的视觉、听觉、嗅觉、味觉、触觉等所有感觉的总和。这个总和构成了人们对于空间的完整体验，空间的记忆就此形成了。

经验和体验既相似又不同。建筑学家金光贤将空间的经验和体验做出了如下的阐释区分："虽然经验和体验并没有明显的区别，但经验是指人们通过自己的生产实践活动获得的知识或技能；而体验是指通过自己的身体亲历其中获得的感受。体验的关键在于亲历感受、经历的过程。在某种情况下体验只能用身体感受，而经验是体验后再进行思考，然后得出属于自己的结论和成果。"[49] 经验是体验后萃取的结论、是基于体验和经历的事情而获得的。

空间体验中除了五感之外，还有一个重要的因素就是位移。不同于图片或者照片这种不连续的片段记忆，空间体验是伴随着移动而产生的连续性体验。人们通过连续的体验增加对空间的感知。[50] 我们在空间中不会只凝视一个地方，视线会随着身体的移动而不停转换与环望。视线固定在一个位置或长时间凝视一个位置的情况只发生在雕塑作品或者街头哑剧表演者的身上。人们在空间中信步游走，移动的过程中身体的所有感觉器官联合起来对空间进行体验，通过这种体验完成对于空间的感知与记忆。[51]

几乎在两秒钟内人们就可以通过某种感觉对空间状况进行判断。这个判断的感觉基础来自我们在过往生活中积累所形成的记忆经验。只有当这种感觉成为具有象征意义的体验并且形成记忆的时候，才能成为一次空间体验。[52] 摄影作品更容易唤起这段体验的记忆，或者让记忆更具体化一些。但是我们通过身体力行获得的空间体验是无法用照片呈现的。虽然近年来技术的发展，立体摄影、AR、VR 等技术已经大量涌现，但完全通过五感再现现场空间体验的技术仍未出现。

我们的身体具有对空间记忆和想象的能力，空间体验由体验人对空间的真实记忆加上对空间的想象共同构成。[53] 空间体验是对人的感觉、心灵、精神的触动，好的体验能够给人带来愉悦的感性记忆、理性的信赖甚至是创造梦想。[54] 所以，现代企业的经营者应当清晰地认识到现在的商业空间是其进行品牌展示和企业文化以及价值观输出的重要平台。乔瑟夫·派恩（Joseph Pine）和詹姆斯·吉尔摩（James Gilmore）在《体验经济》一书中对体验做出如下定义：现代社会已经从消费时代进升到体验时代，体验即是记忆的商品。[55]

空间定位和时间线索

上文关于身体和感觉的描述似乎有些抽象,如何用科学的方法证明身体对于空间是有感觉和记忆的呢?最新的脑科研究成果对此做出了解释。人们对于首次到访的空间却有种似曾相识的感觉,这种现象被称为"时间线索",也被称为"既视感"。人们初次遇见的物体、风景或者事件,却像以前见过一样。人类为什么会有这样的错觉?心理学家给出了解释,当人类在心理和肉体上都感到疲劳时,即便是初次遇见的事物,也会因为整体形象或特征符合过去的某种记忆而对事物产生似曾相识的感觉。

然而,那些经历过这种似曾相识感觉的人们对心理学家的解释表示怀疑,他们认为心理学家的解释过于苍白,直到1971年英国的研究员约翰·奥基夫(John O'keefe)在老鼠的海马体中发现了一种奇特的反应神经元。众所周知,老鼠的大脑具有与人类最为相似的生物学结构,老鼠大脑海马体中存在着认知并记忆空间的定位系统——"位置神经元"和"网格神经元"。位置神经元负责认知空间的样子,网格神经元负责认知不同场所之间关联纽带,然后保存时间和距离,两者组成人脑中的定位系统(GPS)。发现这两个空间神经元的约翰和另外两位科学家因此获得了 2014 年诺贝尔生物医学奖。[56] 他们的发现从科学的角度证明人脑会对空间和距离进行立体的认知,并对一些特定的场所进行记忆。

空间中的任何情节和事件连同场所信息被一起存入大脑,似曾相识不是一种错觉,而是大脑中储存的真实记录。我们感受到的"真实感"其实是在海马体内储存的定位信息。特定场所内发生的事件作为一种非常具体的空间记忆储存入大脑。前面提到的感觉,就是大脑在当下体验的空间与过去体验的空间记忆两者之间来回调取信息后进行的综合判断。身体感知是建立记忆的前置条件,身体的记忆在大脑中储存并与现在的意识进行交互,产生更加丰富的变化。

因美学营销而闻名的哥伦比亚大学商学院营销专家伯恩特·施密特指出:"市场营销的唯一目的是创造有价值的客户体验。这是一项非常有意义的业务,你的客户会感谢你的努力、成为你忠实的客户,并给予丰厚的回报。"他强调,在以市场为导向的环境中,能够有效吸引消费者目光、引起共鸣的体验才是品牌营销的核心。[57] 一旦明确人们对于空间具有特殊的反应和记忆,那么塑造和运营空间来创造客户体验必然成为企业营销战略的核心。

是空间也是时间

"空间"一词在汉语里解释是空着的间隔。老子在《道德经》第十一章中讲到"埏埴以为器,当其无,有器之用"。意为柔和陶土做成器皿,器皿中有了空的地方,才有了器皿的作用。空间亦是如此,只有"空"了,才有其存在和使用的价值。因为空间是空的,人们才可以在空间内移动、体验,这就是空间游戏。曾三次获得意大利最荣耀的设计奖——金康帕斯奖的伊科·米利奥雷(Ico Migliore)[58]将空间比喻成树木,从树木的外形来看,我们可以看到很多间隙,透过这95%的间隙,我们可以看到点点闪耀的光线,也可以感受到随风飘舞的树影。人们通过树木的间隙感受树木,完整地认识树木的存在。事实上,空间设计就是对间隙进行设计,进一步说,就是在间隙里设计人们的体验和游戏。

人们通过行为活动获得体验,而行为活动需要时间。所以空间设计时需要将时间、体验、行动等变量统筹考虑,因此我们需要知道时间的测量方法。一般设计师在进行空间设计时会将距离作为度量的基础，由于度量的方法标示的是空间的物理尺寸，因此很容易束缚设计的思维。相反，采用时间的丈量方式推进的时候，设计师更容易将人类的体验很好地融入设计中。

人们在出行时通常会询问到达目的地所需要花费的时间成本而不是两地之间的距离有多远，此时人们将空间视为时间的概念，而不是物理距离的概念。日本平面设计师杉浦康平以时间为丈量单位绘制了一张从出发地到目的地的地图，又名"时间轴地图"。如果按照这种方式绘制一幅韩国地图，在法定节假日期间从首尔到釜山和从首尔到清州哪个距离更近呢？从首尔出发到釜山的物理距离是428公里，到清州是123公里，两者有三倍的距离差。但是如果用时间计算，那么搭乘飞机到釜山的时间远远小于到清州的时间。[59]我们要对这种时间与空间的相关性有足够的认识。

发现空间中蕴含的深意

伴随着经济的增长和视野的开拓，人们的消费观念在悄然地发生变化，由原来的以产品、服务为中心朝向价值中心方向流动，消费方式亦由物质型消费向旅游、文化生活等体验型消费方向转移。近来网络上有一个流行语："小确幸，"特指日常生活中那些微小但切实能够感受到的幸福。《朝鲜日报》通过对314名20岁以上的韩国女性"如果你有100万韩元可以用来消费，你会用它做什么？"的问卷调查，结果显示，年轻一代的消费观念正在发生变化，选择去旅游的占比61.8%、选择观看演出等文化生活的占比22.6%、选择消费名牌箱包或衣服的占比19.1%。[60] 比起有形的物质消费，现在的消费者显然更注重无形的体验消费，物质让人承受着社会比较的压力，但经历却会成为一种完全属于个人的特有财富。

2015 年，在 SBS 举办的热门演讲类节目《生活就是柏拉图学院》中，心理学家崔仁哲发表了题为"幸福的要件"的演讲。崔仁哲认为旅行是能够创造幸福且长时间维持幸福感的最佳活动。随着时间的流逝，因拥有财富而产生的欣快感渐渐消退，但是曾经的经历作为一个话题会持续地制造幸福。数年后我们还在谈论那些旅行，谈论着那段幸福的记忆，有些旅行甚至改变了人生。崔仁哲说："如果想给孩子未来的礼物，旅行的经验比起任何物品都更有意义。"他主张用金钱换取人生的经验和阅历，借此丰富人生体验，感受幸福。

生活的最大意义在于创造幸福。如果你认同旅行是创造幸福的最佳活动，那么你需要思考的是我们在旅行中所看到的和体验的对象是什么，它如何使我们幸福？人们的旅行对象大多具有普世价值，概括为风景类的自然遗产、人类创造的文化遗产，或是两者结合在一起的复合遗产，无论哪种遗产都与空间有关。人们在自然遗产空间中旅行，体验崇高，感受美丽，纪念永恒，从而获得快乐。这一事实再次向我们展示了空间在我们生活中的重要价值和意义，我们在旅行中所经历的空间体验虽然短暂，却给我们的生活带来了强大的能量和美好的幸福。我们的日常生活也是如此，人们可以在不同的空间里感知幸福与否。[61]

与"小确幸"同时出现在大众视野的另一个热门词汇是"及时行乐"，意在鼓励人们享受当下的快乐。年轻人开始摆脱对遥远未来的焦虑，一种轻奢的生活方式受到他们的关注。他们越来越乐于享受独自在家看书、看电视剧等那些不必花费太多就可以获得的小愉悦。[62] 随着独处机会的增加，即便是租住的房子，他们也愿意添置一些心仪的家具布置气氛，将独处时获得点点滴滴快乐的瞬间自拍后上传到社交媒体分享。这种倾向表明人们正逐渐认识到空间能够带给自己真切、即时的幸福感。我们不仅能够享受历史空间带来的愉悦，也开始享用现实生活空间带来的幸福。

国际室内建筑师联合会（IFI）在《设计宣言》中指出，空间是创造美好生活和幸福生活的关键要素。[63]"除了利用空间，将空间赋予美好和意义亦是人类的天性。优秀的设计不仅使空间具有充分的使用功能，更会让人体会到空间里蕴含的深刻含义。因为我们不仅可以在空间内感受到场所用途，还能领悟到我们是怎样的存在，我们将来会成为怎样的存在。在精心设计的空间中，我们学习、回顾、想象、发现和创作。广袤的空间是促成伟大创意不可或缺的元素，它是人类所有创意和思想领域之间的桥梁"。

空间是一种媒介：现代信用卡

空间是企业了解顾客需求的途径与通道。[64] 空间亦是传递企业梦想、创造感性关系、社会功能、情感氛围的最佳媒介。纵观历史，宗教与政治才是空间品牌经营最成功的领域。宗教与政治一直通过空间传达强烈且鲜明的信息。从本质上讲，教堂既是礼拜的空间，也是宗教对人的精神加以控制的良好媒介。教堂的建筑形式令人敬畏，人们在教堂的作用下坚持信仰。教堂具有那种目之所及就心甘情愿成为上帝忠实信徒的力量。

德国的世博馆建筑是政治通过空间对人的精神施加影响的典型案例。德国在先后两次世界博览会上以风格迥异的建筑形象展示了它的国家形象，即第二次世界大战前法西斯时期的德国和第二次世界大战后民主共和国时期的德国。1937年巴黎世博会，德国馆由建筑师阿尔伯特·斯佩尔（Albert Speer）担任设计。当时，希特勒将建筑作为一

1937 年巴黎万国博览会德国馆

种大众传播媒介，新古典主义的建筑设计无处不展示着权力至上的信念。这座用石材建造的总高 150 米的德国馆充分展现了好战和侵略性的国家形象。

1958 年布鲁塞尔万国博览会德国馆 ©Manfred Niermann

第二次世界大战后，1958 年在布鲁塞尔举行的万国博览会上，德国馆则以民主为主题展示了完全不同的国家形象。这是一个由 20 世纪德国的代表建筑家埃贡·埃尔曼（Egon Eiermann）运用钢铁和玻璃建造的透明建筑，向世界展示了一个平静、柔和、轻盈的民主主义形象[65]，此时空间对人们来说就是一种宣告性的媒介。

商业空间亦是如此，空间作为企业与顾客最重要的契合点，要具备能够传达企业核心价值观，在宣传经营层面上展示出企业核心竞争力的作用。这个空间要在吸引顾客的同时带给顾客美好的回忆和独特的感官体验。另外，它还应该是一个可以向世界传递企业商业存在的空间。选址在那些与企业文化传承相关的地点创建品牌空间往往可以增强其作为媒介的功能。例如公司成立的地点、总部位置以及公司历史上发生重大事件的地方。[66]

现代信用卡的品牌空间营销在韩国的空间营销领域占据着先导地位且具有领先性。作为一家金融服务公司，现代信用卡采取了一种独特的

现代信用卡设计库 © 现代信用卡设计库

信息传递方式,它创建了一种特殊的专用字体并且一直沿用至今。手掌大小的卡片上呈现出鲜明且简洁的设计,令顾客每次使用卡片时都会感受到拥有卡籍的自豪与骄傲。这个通过字体设计进行品牌推广的战略使这家金融服务公司被公众认可为一家以设计价值为导向的公司。

此后,现代信用卡一直以空间经营为中心,引领着品牌体验化的潮流趋势。现代信用卡将企业定位为"为顾客提供新型生活方式的企业",并扮演着"客户生活方式设计师"的角色。[67] 为此,现代信用卡公司打造的所有空间都传递着一个信息——"我们将重新诠释生活的价值和文化,真诚为顾客提供美好生活方式的解决方案"。现代信用卡设计部李正元部长说:"现代信用卡的设计项目是蕴含着品牌哲学的设计活动。"[68]

现代信用卡公司总是基于"顾客需要什么样的空间?"这个问题的答案打造空间,因此每一个空间展示的生活方式都能够直击顾客隐藏在心底的需求。这就是现代信用卡利用空间红利将顾客的梦想和企业经营哲学、企业的文化基因捆绑在一起的品牌空间经营模式。现代信用卡公司通过空间奠定了品牌的高端定位。旗下的空间已经成为企业与顾客有效接触的切入点，并将现代信用卡品牌的优良品质传承下来。

现代信用卡在品牌空间经营时，将图书馆确定为空间的主题内容，希望通过图书馆展示现代生活方式中去数字化、摆脱网络诱惑的慢节奏和悠然自得的状态。2013 年，随着设计图书馆的开放，现代信用卡率先展示了图书馆的空间定位，即"沉浸的时间 + 灵感的空间"。并确立了这个图书馆藏书的七大原则：藏书必须能够给予人启发，能够提示答案，涵盖范围广泛，在某一领域具有影响力或者著作中包含充实的内容，另外还应该具有审美价值和超越时代的理念。这些原则与现代信用卡的企业理念和设计指向型定位高度契合。

现代信用卡的第一个品牌空间——设计图书馆于 2013 年一经开业就取得了顾客广泛的好评，此后现代信用卡继续开拓品牌空间经营。2014 年推出"发现时间 + 灵感空间"的旅行概念图书馆；2015 年推出"回声 + 灵感空间"的音乐概念图书馆；2017 年推出"填充时间 + 灵感空间"的烹饪概念图书馆。现代信用卡敏锐地捕捉到了顾客内心隐藏的欲望和文化密码，而顾客在企业提供的空间里享受服务的同时，也感受到现代信用卡的企业文化。

在大众开始普遍质疑线下空间的时候，现代信用卡用"体验品牌空间"的经营战略展示了其为顾客创造的价值。[69] 现代信用卡的品牌空间经营给出了美学空间设计的重要启示。首先，那些不惜花费时间和金钱能够来到这个空间的都是品牌最忠实的客户，这些顾客可以百分之百地感受到企业提供的内容；其次，那些主动寻找美学空间的顾客通常具有良好品味和与人沟通的能力；第三，得益于这些客户的卓越品味，企业可以继续保持其企业的传承与个性。

现代信用卡的品牌空间经营正在逐步演变为创造共享价值（CSV）项目。其中包括2014年的维护传统市场可持续性的凤平庄项目、2016年展现新旧共存新气象的松井站市场项目等。2018年，重建废弃岛屿生态系统、传承济州岛特色文化的创造共享价值项目加波岛改造工程竣工。改造前岛上不协调的建筑和废弃的宅基地等，使之一度成为一个没有吸引力的地方。改造后恢复了加波岛原有的天然风貌，延续了加波岛美丽的自然风光和独特的岛屿文化。

该项目历时6年，期间先后召开了由加波岛居民、济州特别自治道、现代卡公司代表参加的大大小小会议1500多场，建筑事务所代表崔宇等众多专家往返首尔、济州两地2000余次，留下了600多人参会的大型项目记录，最终取得圆满成功。新建的"加波岛客运站"降低了原设计高度，以达到与岛屿周边环境相协调的效果，废弃的房屋在保持原有外貌的同时，对内部实施了改造，以"加波岛之家"的形象获得重生。遗弃的旧仓库被改造成社区活动中心供居民交流活动使用，原加波岛渔业中心被改造成了一个带有加波岛特色的时尚街区，街区里有加波岛独特风味的餐厅、商店、厨房、档案室等便利设施，村民们可以在这里尽情品尝加波岛的传统美味。遗弃25年的地下结构也加入了文化和艺术的元素，打造成一个"居住艺术家"的艺术空间。现在的加波岛，改造后的新空间与加波岛陡峭的自然环境以及原有的低矮建筑群落实现了平衡，新旧建筑高矮错落、相映成趣。

加波岛项目

现代信用卡公司将加波岛的可持续发展作为该项目改造的实施目标，用企业的真诚实现了自然与文化的结合。该项目的成功不仅改善了岛上居民的经济与生活、强化了他们的自豪与归属感，同时也是一次全新的空间品牌塑造，创造了令人耳目一心、引人入胜的故事性，高度地体验了现代信用卡品牌的真诚。

此前，我们在评价一个企业和品牌信誉度的时候，主要是依据企业所呈现的规模和业绩，但是未来企业的信誉度评价应该基于企业品牌的透明度以及对社会地区的贡献进行。曾经，一个企业负责人最重要的任务是产品创新和服务提升，而未来企业负责人应该将提高企业信誉度作为主要任务。根据通信营销机构爱德曼（Edelman）的"2019年爱德曼可靠性指标调查"（Edelman Reliability Indicators Survey 2019）数据显示，65%的韩国企业受访者赞同"公司在提高利润的同时应对国家经济和社会环境做出贡献"的建议。[70] 积极参与公共事务，帮助提高所在地区的收益，改善经济和社会环境，被公认为可以提高企业信誉度的方式。从这个角度来看，空间是传递企业价值、信誉度的最佳媒介。

> 相关视频内容请参见相关网站中有关"现代卡加波岛项目"（[2018] 현대카드 가파도 프로젝트）的介绍。

Chapter 04

04_ 空间品牌塑造的四个原则

空间的差别化

越来越多的企业把能够给顾客提供幸福体验的空间作为商业平台予以重视。分析人士指出,无形的体验才是创造最大附加值的商品。[71] 即使是在同一空间的体验,也会根据每个人记忆和经验的不同而产生差异[72]。现行的商业环境已经发生了改变,在一个线上能够解决一切的时代,线下的商业空间就成了可有可无的存在,成了如果没有足够的理由就不会到访的地方。人们来到百货商店不是为了购买商品,而是为了吃喝玩乐,消磨时光,访问的目的不是购物,而是娱乐。如果商业空间没有娱乐或体验,将变成一个毫无意义的不可能到访的地方。

哈佛大学商学院教授杰拉尔德·萨尔特曼(Gerald Zaltman)说:"消费者的喜好和动机在很大程度上受到沉浸式体验的潜意识和情感因素的影响。"[73] 沉浸式体验中潜意识、情感因素与空间体验密切相关。在空间中，客户会体验到即时的交流与满足感，对企业、商店和品牌产生一个整体的印象。[74] 当产品或服务无法产生绝对的比较优势时，空间的印象就成为其产品或服务与其他品牌差别化的主要因素。[75]

顾客们不仅希望在空间里购物，还期盼着能够获得一些值得长久记忆和珍惜的东西、一种沉浸式的情感和乐趣。被誉为"购物科学"创始人的帕科·安德希尔（Paco Underhill）顾问认为，只有线下空间才能满足顾客所期待的三种价值：感官刺激、即时满足和社交交流。[76] 此时空间成为一种沟通媒介，可让现有的和潜在的客户体验企业形象。未来学家罗尔夫·延森（Rolf Jenssen）将这种趋势称之为"梦想社会"，管理学家费恩和吉尔莫（Gilmore）称其为"体验经济"。费恩和吉尔莫号召企业应该停止广告投放，并积极创造理想的空间、一个可以积极体验商业实体的梦想空间。

他们借用彼得·德鲁克的依据名言"营销的目的是使销售变得不必要"，强调"营造空间的目的是使广告变得不必要"。比起那些效果很难验证、甚至有时会包含一些不实信息的广告，提供一个物理空间，用体验直接传递商品的信息和真实性应该是个更好的选择。[77]

那么，怎样才能创造一个成功的品牌空间呢？就是要创造一个既非同寻常又简单有效，能够展现出企业清晰、明确和富有魅力形象的空间。品牌空间既要新颖独特，又能体现商业本质，其空间的魅力刚好与企业的文化相契合。只有这样，才能达到空间品牌化的目的。

对于品牌空间该如何塑造,我们提出以下四个应该遵循的原则:能够创新企业形象提高企业影响力的领先性;简单明确传达商业信息的单纯性;创造超越顾客期待和惊喜的意外性,用故事打开顾客心灵的话题性。

领先性：毕尔巴鄂与洛杉矶的差别

用于空间品牌推广的建筑或空间应该具有成为差异化因素的领先性。任何人看过之后都对它做出领先的评价，才能形成领先的印象，而且这种空间传递出的信息影响力会扩大。空间的领先性往往比空间的协调统一更加重要，为了取得领先的差异化，与其思考"我们应该怎么做呢？"不如认真考虑一下"我们不应该做什么？"更有效。[78]

一个有趣的比较案例说明了为什么领先性那么重要，而那些相似的、紧随其后的项目则不具备这些。比较的双方是美国建筑师弗兰克·盖里（Frank Gehry）设计的西班牙毕尔巴鄂市的古根海姆博物馆（Guggenheim Bilbao）和美国洛杉矶市的沃尔特·迪士尼音乐厅（Walt Disney Concert Hall）。毕尔巴鄂古根海姆美术馆于1997年竣工，是一座标志性建筑，标志着新千年的到来，它在经济上复兴一座衰落城市的同时，创造了"毕尔巴鄂效应"这个标志性词汇。作为城市复兴、城市再生的空间品牌化的经典案例，总是第一个被提及。覆盖着鱼鳞般钛金属表皮的古根海姆美术馆波光闪闪，好似被随风飘舞的巨型雕塑所包围，散发着迷人的魅力。因为拥有领先的艺术博物馆，毕尔巴鄂这座拥有 40 万人口的城市每年吸引着近 100 万来自世界各地的游客参观。

一座领先的建筑形象给城市带来的力量和影响超出了我们的想象。当然，并不只有标新立异的空间形态才具备领先性，领先性是指那些不同于已有的或独一无二的东西，人们为什么访问意大利的小镇比萨（Pisa），就是去看那座具有"倾斜的陌生感"的斜塔，如果它像正常建筑物一样直立起来，那将不会受到人们的关注。即使简单地不同也可以具有领先的空间品牌推广的价值。

实际上，毕尔巴鄂的古根海姆博物馆的建筑形态在弗兰克·盖里早期的作品中就已初现端倪。从盖里过去建筑作品的延伸来看，毕尔巴鄂的古根海姆博物馆仅凭其形式是不会引起全世界如此广泛关注的，但盖里选择了钛合金作为毕尔巴鄂古根海姆的外表皮材料。钛合金被称为 21 世纪的梦想新材料，原本主要用于航空、航天领域。盖里用这个昂贵的材料钛作为建筑表皮，向公众展示了世界上第一个闪闪发光的有机建筑。正如"金属花"的绰号所暗示的那样，古根海姆的领先性在于闪烁的金属表皮。闪烁的强度和颜色随着参观博物馆的时间和方向而变化。弗兰克·盖里创建了第一个表皮闪亮的领先性建筑。

毕尔巴鄂古根海姆 © 金柱然

当毕尔巴鄂的古根海姆博物馆引起全世界的关注时,因惊讶和叹息而痛心疾首的城市便是洛杉矶。因为毕尔巴鄂古根海姆博物馆的设计借鉴了洛杉矶沃尔特·迪士尼音乐厅的原始设计。沃尔特·迪士尼(Walt Disney)的妻子莉莲·迪士尼(Lillian Disney)在1987年向洛杉矶市政府捐赠了一块土地欲为当地居民建造一个新的音乐厅,同时捐赠了5000万美元用于音乐厅的建设,并通过设计竞赛的方式为场馆征集建筑设计方案。考虑到迪士尼夫人钟爱玫瑰,建筑师弗兰克·盖里投其所好在方案设计的初期构建了一个玫瑰花瓣堆积向上的建筑形态,1991年盖里的设计方案在这次竞赛中获胜。遗憾的是由于音乐厅的预算成本超过了2亿美元,当时的洛杉矶政府资金募集不利,导致建设工作被迫延迟。

沃尔特·迪士尼音乐厅 © 金柱然

几乎在 1991 年的同一时间，古根海姆基金会也在征集毕尔巴鄂古根海姆博物馆的建筑设计方案，基金会邀请了三位建筑师，即日本的矶崎新、奥地利的蓝天组和美国的弗兰克·盖里，参加提名设计比赛，以挑选担任毕尔巴鄂古根海姆博物馆设计的建筑师。比赛要求一周内提交博物馆设计的概念草图，用以选拔设计师团队。经过角逐古根海姆基金会最终确定弗兰克·盖里作为新馆的建筑设计师，当时盖里提交的博物馆设计概念草图，正是早些时候他为洛杉矶音乐厅设计的玫瑰花花瓣绽放的样子。

虽然两个项目几乎同时开始，毕尔巴鄂的古根海姆却于 1997 年迅速完工，引起了全世界的关注，被盛赞为一座开启新世纪的建筑。洛杉矶市政府和市民受到古根海姆博物馆大获成功的刺激，加速了款项的筹集和项目的建设工作，音乐厅最终于2004年落成。音乐厅的建筑表皮原设计为石材饰面，受到古根海姆博物馆金属表皮效应的影响，建设团队决定也选用金属材料，但是后期受到经费的限制，表皮材料最终没能选择钛合金，而是用不锈钢替代了。

世界第二座发光的金属建筑就这样诞生啦。洛杉矶音乐厅是第二个具有金属表皮的建筑，然而除了洛杉矶市民之外，几乎没有人注意到它的存在。人们提到弗兰克·盖里，脑海中即刻浮现出来的作品就是毕尔巴鄂的古根海姆博物馆。提到闪亮的金属建筑，也会第一时间想到毕尔巴鄂的古根海姆。

沙丘美术馆

中国秦皇岛市北部渤海湾有一段被称作黄金海岸的沙滩，OPEN 建筑事务所在其上设计了一座沙丘美术馆。这个如同挖沙游戏洞穴一般的美术馆是事务所为了保护数千年形成但却脆弱的沙丘生态系统而建的，其原始的设计带给人直击心灵的震撼。从入口处开始蔓延的白色空间提升了参观者的期待，展示空间里那些朝向天空和大海的窗户，给人们带来一种安静却又强烈的空间体验。

世界上最优秀的营销专家杰克·特劳特（Jack Trout）说过，"进入人们思维的最简便的方法就是要先入为主，成为第一。"[79] 为了成功创造空间品牌，空间必须是那种具有领先意识和独特品位的空间。

单纯性：欧洲城市与苹果商店的共同点

当我们第一次访问像巴黎那样古老的欧洲城市时，高度、材料相似的建筑物构成的单纯的城市景观形成了我们对于欧洲的第一印象，这些低矮简单、没有压迫感的建筑使城市看上去很舒适。在单纯的街道背景里，一楼临街的商铺、咖啡馆自然而然地进入人们的视线，公园宁静简洁，平静而单纯的城市形象构成了欧洲城市的空间品牌，给人留下亲切友好的印象。这种印象使来访者感受到欧洲的友好，并希望再次访问它。

常识是社会上对同一事物普遍存在的公共认知，人们因为拥有那些相似的记忆而形成常识，利用这种常识作为切入点是空间品牌化的一个带入性捷径。常识通常是单纯意义上的没有任何知识难点就可以做出的正确判断。[80] 利用常识带入，就是利用顾客不需要具有特别的阅历或者知识就能理解的单纯性。

城市，作为现代人生活的空间，是复杂且瞬息万变的。这个空间充满了各种纷繁复杂的刺激元素，借用一句心理学的术语阐释就是刺激过剩。无数的、过剩的刺激元素让人感到疲惫不堪。实际上，在这些充斥着多种刺激元素的环境中，反而是那些完全没有刺激元素的极简空间更容易受到人们的关注。在沟通过度的社会中，客户唯一能够采取的防御手段就是简化内心。[81] 常识和朴素是获得力量的源泉，用常识简化复杂性使人们无需过多考虑就能轻而易举地记住这些事物。[82]

在形式纷繁多样的商业品牌空间设计中，空间品牌化的一个重要措施就是捕捉人类大脑的认知瞬间，为顾客提供那些基于常识的、单纯的、不需要深入思考、也不需要建议就很容易捕获的线索。[83] 亲临过苹果商店的顾客，都会被它空旷的空间形象所吸引，然后自然而然地进入卖场。原因就在于苹果公司运用了直白且一目了然的设计，这种直白且一目了然即为简单性。顾客越快速地找到感觉的方向，就越能产生兴趣和好感。当客户在空间里没有任何疑问、不需要分析和解释的时候，就会不知不觉地对那个空间产生信任感。[84]

通常我们对于单纯的评价不是正面积极的。比如评价一个人单纯，往往是消极甚至是负面的。人们试图避免单纯，因为他们害怕被单纯处理。[85] 但是，对于品牌空间设计的单纯性来说，就是要去繁存简，只留下正确传递品牌价值信息的核心。这确实很困难，但是在空间品牌塑造过程中必须要做的事情就是删除那些不必要的图像和信息。2001 年，在纽约 5 号街开业的第一家苹果旗舰店就是极简空间设计的成功案例。透明的玻璃立方体和漂浮在其中的白色苹果徽标具有无法再简化的单纯性。

法国作家安托万·德·圣埃克苏佩里将单纯性定义为："世间之物不是通过添加什么使其变得完美，而是当没有什么可以减去的时候，完美就产生了。"[86] 去除所有会影响第一印象的多余元素，事物只有变得单纯了才能方便记忆。在大多数情况下，第一印象仍然是人们最准确的判断。单纯是将复杂的事物变得清晰的艺术。[87]

但是空间的本质就是要提供丰富的功能和角色。这就是为什么不能仅从字面意思去理解空间单纯性的含义。人们喜欢获得适度的刺激，如果没有刺激会觉得无趣，如果过于刺激又会觉得有压力。

位于中国成都市的完美日记旗舰店（Perfect Diary Chengdu Flagship Store）是利用空间成功进行品牌推广的一个优秀案例。建筑的外墙形态极其简单，但是简单的形态按照楼层排列后形成了强烈的视觉冲击效果。随着时间的推移，这些简单的形态带给人们一种稳定的感动。

品牌空间设计就是要构造一个简化的，能够让人们在迅速辨识整体形象的同时，又能在细节上产生丰富细腻体验的空间。单纯性可以通过形态、造型、材料或者颜色的统一等实现。"远看得识其形简，近看能知其内详"，顾客通过这种从单纯渐变丰富的过程中产生紧张感，从而获得感观上更加丰富的体验。

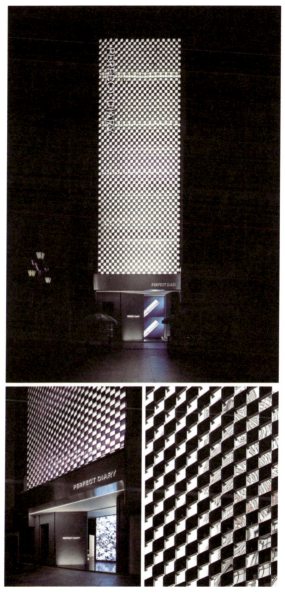

完美日记

意外性：情绪、感动、沉浸感

位于美国拉斯维加斯的大都会酒店（The Cosmopolitan）于 2010 年委托纽约设计公司罗克韦尔集团（Rockwell Group）对其酒店的西部大堂进行改造。罗克韦尔集团利用空间构造特点和数字科技，结合当时较为前卫的数字媒体作品打造了一个沉浸式的体验空间。酒店将这一空间作为对外宣传的重要卖点，制作了一个介绍性视频并将其发布在 YouTube 上。描述该空间的文字非常有趣，"引起好奇心的""当一次博物馆馆长""灵感之旅""新颖、独特而又新鲜""美好地叙述""诱惑""楼兰幻境""魅力之旅"。所以的词语全部用来描绘空间带来的惊喜快感和意外性。

相关视频内容请参见相关网站中的"来自拉斯维加斯国际大都市的灵感体验"（REVEAL: Inspired Experiences from The Cosmopolitan of Las Vegas）的介绍。

大都会酒店 Metropolitan

空间的刺激会对顾客的行动产生很大的影响。想要给予客户这种刺激，就要打造能够诱发这种刺激的空间形象，而意外性就是缔造这种类型空间的关键。世界品牌战略家托马斯·加德（Thomas Gad）认为品牌经营最重要的就是要调动人们的情绪，引起惊讶是一种有效的方式，当然这里需要的是一个积极的惊讶。惊讶是一种无意识的脑部活动，脑部专家认为人脑不仅喜欢寻找超乎想象的东西，而且具有一探究竟的渴望。顾客们内心想要炫耀那些他们认为有价值的东西，品牌新颖的空间标志超越他们对于空间价值的期待，惊艳的、印象良好的体验强化了顾客对于品牌的忠诚度。空间带来的惊奇和感动会产生强烈的快感，这种快感会为品牌树立正面积极的形象。[88]因此，空间品牌化的过程就是要在单纯的空间中提供令人意想不到的惊喜。

为了更准确地理解意外性给顾客带来的满足感，需要充分理解三个关键词——心情、感动、沉浸。心情是因对象或者环境变化而随时产生变化的感情状态。顾客的心情如上文所述涉及快感和幸福感，他们在空间中感受到幸福的同时往往伴随着感动，如果顾客在企业或者商业空间内产生了感动之情，那么这个品牌空间设计就是成功的。感动是强烈心动的感觉，属于感性活动而非理性活动，感性上的共鸣可以让人自然而然地理解到想要传达的核心内容。沉浸就是深深地沉入或者进入，匈牙利心理学家米哈里·契克森米哈定义沉浸是具有高度创作性和生产性的最佳体验状态。他在解释沉浸的时候用了英文"flow"。意为沉浸就如同溪水潺潺流动般舒服，又好似翱翔天空般自由，以此形容情与景、人与物交融合一的沉浸状态。

日本顶级生活品牌 TSUTAYA 的创始人增田宗昭的成功秘诀就是"一切以顾客心情为中心"。顾客不是因为卖场而存在的,而是卖场因顾客而存在,因此他从顾客的心情出发来打造卖场,即便是同一个卖场,也会把他按照早中晚几种心情进行经营管理,他以这种方式打造出了代官山茑屋书店、一个能够顾客带来感动的极致空间。他认为在漫长且修远的商业经营中获得运营成功正解的方法很简单,就是以顾客心情为中心的理念。

想要做好品牌空间设计,需将心情、感动、沉浸和商业活动进行完美统一。品牌经营的本质是通过构造意外性的沉浸空间,让顾客产生感情共鸣。品牌经营者一直致力于追求打造能够让顾客沉浸的、成就情绪交融巅峰的、具有意外性的空间。在空间中体会到的带有意外性的沉浸感,具有参与性、沟通性、娱乐性、持续性四大特征。[89]

2020 年,万达集团与京东联名的宁波万达美华酒店隆重开业,这是一家融合了蒸汽时代 + 赛博朋克 + 哥特工业概念于一体、展示着独具时尚设计的全新生活方式的概念酒店。所有的奇妙体验,从顾客推门步入酒店时就缓缓开启了。"蒸汽"(steam)和"朋克"(punk)两个词在这里相遇了,引领我们走入一个平行于 21 世纪西方世界的蒸汽朋克时代。酒店的一层被定义为"无界空间",就像影片《银翼杀手》里的异幻世界,面对现实中的荒诞与空虚,将无止境的臆想付诸实际。酒店利用这种无限空间以意外性的沉浸感完成了酒店空间的品牌推广。

宁波万达酒店 © 王世学

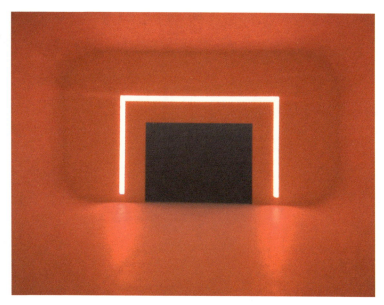

博物馆圣詹姆士·特瑞尔馆 © 金柱然

原州博物馆圣詹姆士·特瑞尔馆内收藏了一个光与色的空间作品——ganzfeld。这个作品为您提供一种身临其境的体验。ganzfeld 是德语，意为"完全领域"。在这个作品里，观赏者感受到自己和观赏对象——光融为一体。如此愉快的沉浸式体验使商业空间和顾客相互交融，这极大地提高了顾客对于品牌的忠诚度，因而自愿成为品牌的拥趸。

话题性：记忆的乡愁、价值观的分享、情感的共鸣

奥黛丽·赫本（Audrey Hepburn）主演的电影《蒂芙尼的早餐》中的第一幕：清晨，赫本在纽约曼哈顿街头走下出租车，来到蒂芙尼橱窗前，一边吃着袋子里的面包、喝着饮料，一边注视着橱窗里的蒂芙尼珠宝。她的眼睛流露出对于她无法企及但又想到达地方的渴望，这个经典的镜头后期成为这部电影以及奥黛丽·赫本影视生涯中最经典的一幕。2017年，随着社会结婚率下降，以及人们对于人造珠宝兴趣的增加，传统珠宝行业正经历着前所未有的危机。处于危机中的蒂芙尼公司利用人们对于电影中这一经典场面的想象力打造了一个早午餐空间，希望借此为传统品牌注入活力。在奥黛丽·赫本电影中的建筑物里享用早餐，这是蒂芙尼在战略上创造的一个话题性空间。

《蒂芙尼的早餐》剧照

蒂芙尼品牌希望通过新的空间体验，将其业务范围从珠宝扩展到配饰和银饰领域。店铺的名字叫作蒂芙尼蓝盒子咖啡馆（The Tiffany Blue Box Café），目的是以新生代作为目标客户群来体验现代蒂芙尼的奢华。咖啡店内部的空间装饰更是让人惊喜，布置成为蒂芙尼标志性的包装盒，做了现实版的放大还原。墙面、椅子、碟子、盐和胡椒罐都沉浸在蒂芙尼的标志性淡蓝色之中，代入感十足。有一项统计数据显示，女性顾客仅仅是看到蒂芙尼标志性的蓝色包装盒，心率就提高了22%。[90]

蒂芙尼蓝盒子咖啡馆凭借经典电影的场景重现和其超强的代入感，已经成为纽约著名的早午餐场所，它的受欢迎程度已经达到至少需要提前一个月预约座位，否则就无法就餐、体验。这是一个利用空间制造高关注话题性进行品牌价值传播的成功案例。随后蒂凡尼咖啡在2019年首次进入亚洲，在日本东京的原宿开了第一家门店。2020年2月入驻英国伦敦哈罗德百货。

话题性因素包括蒂凡尼的品牌历史、传统文化、创始人的传记以及极具冲击力的空间形象几个要素。这些要素都能引起顾客的兴趣，重要的是，话题性不是在空间建成后进行的营销活动，而是在空间设计之初就预备好要讲述的美好故事。

蒂芙尼蓝盒子咖啡馆门店（一）

蒂芙尼蓝盒子咖啡馆门店（二）

建于1932年的上海圣尼古拉斯东正教教堂（St. Nicholas Church）是上海第二批优秀历史文化保护建筑。教堂不再用于宗教活动，之后数年间先后作为办公室、工厂、仓库、酒店、餐厅使用，直至最后闲置下来。2019年12月，曾经作为宗教圣地的空间重新命名为思南书诗商店（Sinan Books Poetry Store），一个包含诗歌的文化圣所就此诞生，它是上海最大、最神圣的诗歌书店。为了满足历史建筑保护政策的要求，新建筑在原有石头和砖砌的旧教堂空间中重新建造（Poetry Church in Church）。教堂中诞生出很多感人的画面，在由45吨铁制书架制成的诗意空间后面，现有的时空痕迹依然完好无损。教堂空间的扩张、翻新和装饰的痕迹都隐隐约约地显现出来，不同时代的新旧记忆在整个空间中共存。思南书诗的钢制书店和尼古拉斯教堂在一个空间中共生共存、维护彼此的形象正成为人们关注的话题。

思南书诗商店（一） © 王世学

思南书诗商店（二）© 王世学

思南书诗商店（三）© 王世学

被称为天才设计师的西班牙米亚·海因（Jaime Hayon）断言，"最好的奢侈品是那些关于感受和体验的故事"。[91] 近来愿意在网络上分享品牌感受的顾客越来越多，话题性的重要程度也随之提高。

如何构建品牌空间的话题性呢？我们的空间设计可以通过以下三个思路展开：唤起人们心灵深处记忆的乡愁、共同价值观的分享、建立情感共鸣。

记忆的乡愁

记忆的乡愁是指那些容易唤起亲切感和熟悉感怀旧的场景。就是将我们平时生活中形成的记忆印象应用在空间设计中。从顾客已有的认知中引导出亲密感和舒适感，让人们享受这种朴素的舒适。[92] 简而言之，就是不再创造新的事物，而是唤醒顾客心里某个角落的记忆，然后将这段记忆和空间联系起来。

人脑和计算机的存储器在信息存储这一功能上基本是一致的，但实际工作机制却大相径庭。计算机按照事物原有的样子进行存储输入，而人类则不同。人的大脑和内心往往是相反的，人脑会本能地抗拒自己无法独立判断或评价的新信息，换而言之就是它仅接受和已有认知相同或者兼容的信息，并过滤掉其余信息。人们认为只有那些能够唤起一个人或大家共同记忆、心愿、渴望的创新尝试才是富有诚意的。[93]

2006 年，爱马仕（Hermès）博物馆在首尔爱马仕旗舰店的地下一层举行了第四次全球展览。这次展览以林间小路的形式呈现，是利用怀旧感唤起顾客心底记忆的典型案例。这次展览的空间设计由美国旅法艺术家兼艺术总监希尔顿·麦康尼科负责，他用树木和光的故事铺满了展厅，走在森林的小路上，熟悉的树木与博物馆的发光地板相映成趣，营造了既宁静平和又超现实的空间形象，展览题名为"爱马仕林间小路博物馆"。初次进入这个空间，只会看到森林中的树木，但是当人们经过那些树蓦然回首时会发现，树的背面隐藏着爱马仕第三代继承人埃米尔·爱马仕（Emile Hermès）收集的作品和爱马仕的历史。树干是用多种颜色染色并特制的皮革包裹而成，青绿色的森林给人留下惊异的第一印象，随着脚步的移动，隐藏在树干背面的作品和历史慢慢呈现出来，展现着爱马仕对自然的尊重、世界最高水准的皮革加工技术和悠久的品牌历史。目前，爱马仕林间小路博物馆搬到了巴黎，这一展览就是运用人们记忆的乡愁打开顾客心扉的成功案例。

爱马仕博物馆 © 金柱然

常见的古城墙也可以成为记忆的乡愁。秦始皇陵所在的西安是一个在烧砖材料和技术领域发展了 5000 年以上的城市。2019 年西安琳凯诺酒店（LINOW HOTEL）便采用西安古都的城墙砖概念作为设计元素展开设计。砖墙的可能性和它所传递的视觉冲击力被极大地释放，从堆叠方式、围合形态到材料、颜色乃至尺寸尺度上全面创新，营造独特、深刻而夸张的空间感受。一楼入口是创建视觉记忆的第一个接触点，在 10 米高的空间中，两座高耸的砖墙被 50000 块金属砖所包围。镂空砖墙和镜面顶棚反射呈现出强烈的映射效果，创造出独特、强烈而夸张的空间状态。整个空间氛围能唤起西安古城记忆，引起共鸣。LINOW HOTEL 用城墙砖作为乡愁的寄托，将西安的记忆与未来完美地联系在一起。

西安琳凯诺酒店（一）© 王世学

西安琳凯诺酒店（二）© 王世学

价值观的分享

价值观分享是指企业的价值观和顾客价值观发生碰撞从而激发话题性的一种方式。在这个物欲横流的社会，顾客会追求超越商品性能和感性满足以外的东西，以获得精神上的满足。[94] 消费者展现出购买环保产品、公平贸易商品、能够体现地球共同体利益的商品的趋势。消费者认为消费行为可以影响市场活动，因此在消费活动上赋予了更多的社会意义和价值[95]，特别是在雾霾等环境问题日益严重的今天，基于环保理念引发的对于环境的思考成为必要的课题。曾经以为商业活动中融入环保理念只是锦上添花的一些想法，已经变成为了生存必须做的事情。[96] 现在的顾客会关注企业的价值观，并对企业的价值观做出相应的反应。

共享价值与情境息息相关，生活在同一时代的人们对于共同拥有的空间的记忆。所在的场所、所传达的空间故事，都会形成该空间无形的资产。除了将品牌打造成与自然共存的空间之外，利用现代工业遗址也是一个很好的方式。在现时的社会文化关系中展现历史、美学、技术和文化价值也是一种为社区做出贡献的方式。发现闲置空间中的潜在价值，并且找到这些潜在价值和商业价值的契合点，就能成功地创建一个话题性。

位于沈阳的三秋舍·梦幻岛是一处旧建筑再生并赋予空间品牌文化的餐厅。它的前身是一座废弃的汽车修配厂，空间格局被墙体分割得琐碎而杂乱。设计师希望赋予它艺术博物馆般的空间氛围，对原有建筑进行了外科手术式的改造，拆除了建筑内部原有的大部分墙体，在屋顶打开不同尺寸的天窗，让沉闷的地下室空间在视觉和感受上与外界产生更多的关联。原木家具、小品、景观、咖啡香味、面包味等所有的细节被编辑得很有品位。空间中的旧物沉淀出来的美感得到了应有的尊重，废弃汽车修配厂改造后的餐厅绽放出老建筑独有的魅力，独有的自信正在制造着话题性。

三秋舍·梦幻岛（一）© 周博、蔡雨洋

三秋舍・梦幻岛（二）© 周博、蔡雨洋

三秋舍·梦幻岛（三）© 周博、蔡雨洋

有一个利用地方特色建材成功创造话题性的空间，就是日本栃木县的Chokkura Plaza乡村活动中心。栃木县因生产名为"大谷"的建筑石材而闻名。大谷石是一种浅白色的石头，同济州岛的玄武岩一样，质地轻薄，表面有很多孔洞。在石头建筑时代是一种非常流行的建筑材料，但是随着用量减少，产量亦逐步缩减直至停产，运送石材的铁路以及对面仓库也遭到闲置。于是村民们决定在仓库的原址上建造一个活动中心，并请建筑师隈研吾担任设计工作。隈研吾秉承着"自然建筑"的理念，对建造仓库的石料进行循环再利用。将原有仓库用地上的直方形建筑石材一点点切割成片，打磨成了又矮又胖的"人"字形，然后结合铁板形成了独特的半透明石壁。这个设计既唤醒栃木县大谷石所特有的材料价值，又解决了石材建筑物特有的封闭性缺点，凭借非常强烈的图形形态与设计故事一起成为全世界的热门话题。

木仓广场（一）© 金柱然

木仓广场（二）© 金柱然

情感的共鸣

通过空间给人们带来惊喜建立情感上的共鸣，是制造话题性的又一种方式。这里所说的共鸣，是让人通过在空间里获得的感受，更深程度地接收到企业所要传递的信息。

以"波点奶奶"闻名遐迩的草间弥生（Yayoi Kusama）创作的空间装置作品总是能给人们带来喜悦和惊叹。艺术作品能够唤起人类情感的共鸣，在商业空间里进行艺术创作与表现是一种将空间的附加值最大化的方法。人们之所以觉得艺术作品有魅力，不是因为它的功能性，而是被它的感性所吸引。[97] 艺术作品对刺激情感具有决定性的作用，每一件艺术作品都是一把能够刺激和引导出情感共鸣的钥匙，特别是当代艺术作品，经常以空间作为塑造对象。这样的

Il Vento 咖啡馆（一）© 金柱然

艺术作品如果与商业进行合作的话，那么无疑能够创造一个具有话题性的品牌空间。

日本出岛一家名为 Il Vento 的咖啡馆成功展示了艺术的力量。咖啡馆租用的是一个典型的日本木屋，设计师既没有对木屋进行结构性的更改，也没有为咖啡馆设计新的空间，特别之处是委托德国雕塑家托比亚斯·雷伯格（Tobias Rehberger）以设计为灵感，最终创造了一个令人惊叹的空间。托比亚斯·雷伯格勒是一位当代艺术家，他在空间内运用与波普艺术类似的图像打造了一个强有力的混沌空间。咖啡馆的一层运用线条、二层运用波点，这两种视觉上形成强烈刺激的图像打造了一个充满惊喜的娱乐性空间。因为与优秀艺术家的合作，位于无名小岛上的咖啡馆亦能够成为世界性的话题。

Il Vento 咖啡馆（二）© 金柱然

中国广州的"La Moitié·伴"也是一个由设计师创造的产生情感共鸣的空间案例。2019年开业的La Moitié·伴是一个复合空间,正如它的法语名字一样,是"半"的意思。以"半"的概念在同一个空间里呈现一对情侣业主两种不同的风格。设计师运用古典与现代元素相互碰撞的概念,用粉、黑两种色彩从视觉上将空间一分为二。粉色空间以粉色经典营造女性的古典浪漫;而对立的灰黑色空间呈现的是相对的冷酷未来现代感。这是法国餐厅和服装卖场两种功能和情侣各自不同取向的绝对碰撞。古典的女性气质、坚强的男性气质,以古典和现代、粉色和黑色各占一半。粉色的空间代表着女性的经典浪漫,而对比鲜明的灰色和黑色则代表着相对凉爽的未来和现代感。在这个空间里,顾客们可以同时感受柔和的古典与简洁而沉重的前卫、浪漫与现代的美、现实与幻想的空间体验。

La Moitié·伴复合空间(一)© 杨俊宁

La Moitié · 伴复合空间（二）© 杨俊宁

结语：设计印象

哈德逊公园（Hudson Yards）位于美国纽约曼哈顿西部的中城区，那里是一个再开发地区，也是纽约的新热点区域。该地区正在建设一个新的建筑综合体，包括住宅、办公室、购物中心、酒店、艺术中心和文化中心等，旨在建造一个可以取代华尔街的金融新区，该项目是纽约有史以来最大的重建项目。

2018年，位于地区中央的空中庭院——The Vessel 落成开放。这个由英国建筑师托马斯·希瑟威克（Thomas Heatherwick）设计的15层巨型螺旋楼梯结构不仅成为该地区的象征，而且是全世界旅行者争相访问的热门景点。就像巴黎的埃菲尔铁塔一样，是所有来纽约市观光的游客必去的地方。如果说自由女神像是纽约曾经的象征，那么The Vessel 就是纽约未来的象征。这个可以同时容纳700人在空中互相注视的戏剧性体验空间，正在重塑纽约世界最佳城市形象。

在高档写字间、精品酒店、文化中心、奢侈品店云集的上海外滩金融中心，有一栋表皮会移动的建筑，其移动的表皮象征着中国传统剧院的幕布。该建筑由希瑟威克和福斯特建筑事务所于2016年设计，黄铜色建筑时时刻刻都在变化，每一个时刻都呈现出不同的样子。这个由复星基金会运营的4层文化中心为国际艺术和文化交流提供了空间平台。2020年1月，法国时装品牌浪凡（Lanvin）在这里做了一次全方位的品牌活动，充分地利用建筑的所有空间，进行了完整的品牌空间塑造。在建筑的一层，开设了一家名为Langbang的咖啡馆；在二层、三层分别开设了"对话：130年Langbang"的主题展览，用以展示Langbang的历史，在四层开设了一家名为Langbang的餐厅。

The Vessel (一) ⓒ 金柱然

The Vessel 的形象已经超越了哈得孙区的层面，重新塑造了纽约这座城市的形象。浪凡是一项空间品牌活动，浪凡的主要材料是面料，它将建筑物的幕布与浪凡的品牌形象联系起来，从而为中国客户带来了亲密感。如果说纽约的 The Vessel 打通了空间与品牌形象的构建，那么浪凡就是通过在外滩金融中心举行的一系列品牌经营活动完成空间品牌的塑造。

The Vessel（二）© 金柱然

外滩金融中心（一）© 金柱然

一个品牌想要深入人心，依靠的不是人们头脑中对于这个品牌的粗浅认知，而是产生直击心灵的情感共鸣。这是一条真理，就像数千年前亚里士多德对柏拉图说所说的"心中情感共鸣的力量要胜于头脑中理性思考的力量。理性的认同只会让人颔首称赞，而发自内心的感性认同才会让人直接付诸行动"。[98] 唤起顾客内心的认同作为品牌经营的目标从来没有改变过，改变的只是它的执行方式。工业时代人们用商品的功能属性唤起顾客内心的情感共鸣；信息时代利用产品的外观形象唤起顾客内心的情感共鸣；现在则是一个以故事和梦境般的体验来吸引客户的思想和情感的时代，体验使顾客感觉与品牌变得更加亲密，从而产生直觉的认同。这种认同不是单纯的愉悦，而是获得一种惺惺相惜的满足感。[99] 所以说在这个崭新的时代，品牌营销的核心就是品牌空间的塑造。

外滩金融中心(二) © 金柱然

写在后边：在线时代，品牌营销的本质

随着线下卖场销售额的急剧减少，大型实体商业的结构调整正式开始。销售重心从线下转到线上已经成为一种必然之势。实际上，2019年韩国国内商业市场线上销售占比为41.2%；从增长率来看，2019年线下销售增长率下降0.9个百分点，而线上增长14.2个百分点，这个差距是巨大的。从企业成本的角度出发，线下销售虽然不断下降，但是诸如人力等的基本投入却依然呈现较高的增长。

反之，一些企业利用线下空间帮助企业实现快速增长的案例也有很多。他们将线下空间定义作为企业与客户的联系点并投入资金与人力运营。当普拉达面临破产危机时，通过对线下空间——埃菲中心的大胆投资，为品牌的成功飞跃创造了一个拐点；创立之初，眼镜品牌Gentle Monster 凭借其独特的店铺设计在全球市场中不断地开疆拓土，表现不凡；现代信用卡秉承着引领顾客生活品质的品牌价值理念，打造了独树一帜的图书馆空间，通过图书馆空间先于市场占据了独特的位置。

这些企业的共同点是线下空间不单纯以销售为目的。普拉达埃菲中心的设计旨在让顾客体验空间本身，而不是普拉达产品。它不是购买产品的地方，而是参观、体验普拉达品牌的地方。温柔的怪物 Gentle Monster 用具有强烈艺术感的陈列吸引顾客进店体验，就像在观看展览一样。现代信用卡图书馆是创造一个独立于使用或订购卡等直接创造利润的方式以外的美学空间，吸引那些追求卓越品质生活的人，并赢得了忠实的客户。

我们认为：在一个线上能够解决所有问题的世界中，离线空间已成为没有必要理由就不会去的地方。但是线下空间仍然有它存在的理由和价值，只有置身在线下空间，顾客才会接受感官刺激，体验和品牌的沟通。线下空间可以说是品牌展示自身价值和魅力的最好舞台。

如果仅关注在线市场的销售增长趋势，那么很难找到离线市场的发展方向。被称为数字原住民的千禧一代和新生代习惯于寻找体验与分享各种美好和有趣的空间。尼尔森公司 2018 年对美国千禧一代和新生代获取商品信息的途径调查的结果显示：看到实物后进行购买的消费者占比 57%，比线上搜索后直接购买的消费者高出 14 个百分点。

网络时代，体验的价值反而弥足珍贵。线下卖场不再是商品销售的主战场，而是演变为一个沟通的渠道，成为展示品牌价值、诉说品牌故事的窗口。

一直以来时尚品牌 Dior 都试图通过在梦幻的空间里创造梦想和故事来扩大品牌的体验。克里斯汀·迪奥小时候曾希望自己未来的职业是一名建筑师，他认为"连衣裙是为了赞美女性的剪影比例而建立起来的临时性建筑。"现在，迪奥时装秀的 T 台正在成为实现"女性终极梦想"的品牌体验空间。迪奥品牌希望通过不同寻常的 T 台空间体验来展现品牌的时代精神和卓越理念。

Dior 的秀台

减少线下投资，将营销的重心转移到线上很可能让品牌脱离了对顾客和品牌之间"关系"的管理。正如笔者所说，虽然时代在变迁，但唤起顾客内心的认同始终是品牌经营的目标，这一点从来没有改变过，因为顾客与品牌始终是要在线下相遇的。

金荷娜

参考文献

[1] Kwon Min. 유니타스브랜드（Unitas BRAND Vol.13 Branding）[M]. Basel Communications，2010.

[2] （英）凯瑟琳·斯莱德·布鲁金. 成功品牌设计 [M]. 时雨译. 桂林：广西师范大学出版社，2017.

[3] （英）沃利·奥林斯. 沃利奥林斯的品牌术 [M]. 刘兴华译. 北京：清华大学出版社，2012.

[4] Hong Sung-tae. 모든 비즈니스는 브랜딩이다（Every business is branding）. Samnparkers，2012.

[5] Manabu Mizuno. From Sell, to Sell[M]. 日本诚文堂新光社，2016.

[6] （英）沃利·奥林斯. 沃利奥林斯的品牌术 [M]. 刘兴华译. 北京：清华大学出版社，2012.

[7] 金智铉. 基于价值的空间设计营销研究 [D]. 弘益大学博士论文，2016.

[8] Dan Hill. body of truth：leveraging what consumers can't or won't say[M]. Wiley，2003.

[9] （奥）克里斯蒂安·米昆达. 体验和创意营销 打造第三地 [M]. 周新建,谢宁,皇甫宜均 译. 上海：东方出版社，2006.

[10] （韩）金美利、安英. 这些建筑物正在改变首尔的景观 [J]. 朝鲜日报，2018.

[11] Kevin Roberts. Lovemarks：The Future Beyond Brands[M]. PowerHouse Books，2005.

[12] Tom Peters. Tom Peters Essentials Design[M]. DK, 2005.

[13] Alainde Botton. The Architecture of Happiness[M]. Simon Vance（NRT）, 2009.

[14] （美）沃尔特．艾萨克森著．史蒂夫·乔布斯传[M].管延译．北京：中信出版社，2014.

[15] （美）戴维·阿克，埃里克·乔基姆塞勒．品牌领导[M].耿帅译．北京：机械工业出版社，2016.

[16] （德）伯恩·施密特．顾客体验管理[M]. 冯玲，邱礼新 译．北京：机械工业出版社，2013.

[17] 西蒙·西内克．伟大的领导人如何激发行动．TED, 2009.

[18] （意）罗伯托·维甘提．第三种创新：设计驱动式创新如何缔造新的竞争法则[M]. 戴莎译．北京：中国人民大学出版社，2014.

[19] （美）理查德·佛罗里达．新城市危机[M]. 吴楠译．北京：中信出版社，2019.

[20] James H. Gilmore, B. Joseph Pine II .What Consumers Really Want[M]. Harvard Business, 2007.

[21] 尹景山．服务客户的价值认识对回访意图的影响[D]. 大邱大学博士学位论文，2007.

[22] 朴成贤，金有庆．关于衡量品牌真实性的尺度开发研究[J]. 韩国广告宣传学报，2014, 06.

[23] 金智铉．基于价值的空间设计营销研究[D]. 弘益大学博士论文，2016.

[24] （瑞士）彼得·卒姆托．建筑氛围[M]．张宇译．北京：中国建筑工业出版社，2019.

[25] Song Gil-young. 상상하지 말라（Don't Imagine）[M]. Bookstone, 2015.

[26] 朴顺郁，尹熙勋．年销售额240亿韩元……Terra Rosa的首席执行官金永德（Kim Yong-deok）转变为银行家的咖啡企业家[J]．朝鲜经济，2017.

[27] （英）凯瑟琳·斯莱德·布鲁金．成功品牌设计[M]．时雨译．桂林：广西师范大学出版社，2017.

[28] （奥）克里斯蒂安·米昆达．体验和创意营销 打造第三地[M]．周新建，谢宁，皇甫宜均 译．上海：东方出版社，2006.

[29] Kevin Roberts. Lovemarks: The Future Beyond Brands[M]. PowerHouse Books, 2005.

[30] （意）罗伯托·维甘提．第三种创新：设计驱动式创新如何缔造新的竞争法则[M]．戴莎译．北京：中国人民大学出版社，2014.

[31] The Language Master, BBC, 1997.

[32] Jamie Holmes. Nonsense: The Power of Not Knowing[M]. Crown, 2016.

[33] Barbara Perfahl. Ein Zuhause für die Seele（A Home for the Soul）[M]. Kreuz Verlag, 2015.

[34] （美）罗恩·弗里德曼．最佳工作场景：比发钱更有效的办法[M]．明月译．北京：电子工业出版社，2017.

[35] （美）罗恩·弗里德曼.最佳工作场景：比发钱更有效的办法[M].明月译.北京：电子工业出版社，2017.

[36] （美）沃尔特·艾萨克森.史蒂夫·乔布斯传[M].管延译.北京：中信出版社，2014.

[37] Esther M. Sternberg. Healing Spaces: The Science of Place and Well-Being[M]. Belknap Press, 2010.

[38] 郑在胜.神经建筑学，替代还是保护[M].韩国学术论文集《建筑》,58(9),2014.

[39] （英）凯瑟琳·斯莱德·布鲁金.成功品牌设计[M].时雨译.桂林：广西师范大学出版社，2017.

[40] Tom Peters. Tom Peters Essentials Design[M]. DK, 2005.

[41] Shaun Smith & Joe Wheeler. Managing the Customer Experience: Turning Customers Into Advocates[M].Pearson FT Press, 2002.

[42] 温柔的怪物首尔弘大介绍。

[43] 温柔的怪物首尔弘大介绍。

[44] Dan Hill. body of truth: leveraging what consumers can't or won't say[M]. Wiley, 2003.

[45] Yi-Fu Tuan. Space and place[M]. University of Minnesota Press, 2001.

[46] （芬兰）尤哈尼·帕拉斯玛.肌肤之目——建筑与感官[M].刘星，任丛丛译.北京：中国建筑工业出版社，2020.

[47]　Kim Jong-jin. 공간 공감（Space Sympathy）[M]. Hyohyung，2011.

[48]　（芬兰）尤哈尼·帕拉斯玛. 肌肤之目——建筑与感官 [M]. 刘星，任丛丛译. 北京：中国建筑工业出版社，2020.

[49]　Kim Kwang-hyun. 건축이라는 가능성（The Possibility of Architecture）[M]. Ahn Graphics，2018.

[50]　Kim Kwang-hyun. 건축이라는가능성（The Possibility of Architecture）[M]. Ahn Graphics，2018.

[51]　（芬兰）尤哈尼·帕拉斯玛. 肌肤之目——建筑与感官 [M]. 刘星，任丛丛译. 北京：中国建筑工业出版社，2020.

[52]　Yi-Fu Tuan. Space and place[M]. University of Minnesota Press，2001.

[53]　（芬兰）尤哈尼·帕拉斯玛. 肌肤之目——建筑与感官 [M]. 刘星，任丛丛译. 北京：中国建筑工业出版社，2020.

[54]　（德）伯恩·施密特. 顾客体验管理 [M]. 冯玲，邱礼新 译. 北京：机械工业出版社，2013.

[55]　（美）B. 约瑟夫·派恩，詹姆斯· H. 吉尔摩. 体验经济 [M]. 毕崇毅 译. 北京：机械工业出版社，2012.

[56]　次元英. 2017〈脑神经元和网格神经元的新领域〉[M]. IT 新闻，2017.

[57]　（德）伯恩·施密特. 顾客体验管理 [M]. 冯玲，邱礼新 译. 北京：机械工业出版社，2013.

[58]　〈Ico Migliore〉,《维基百科》。

[59]　金希炅. 釜山比清州更近……节日《时间地图》[J]. 东亚日报，2004年9月23日。

[60]　崔宝允. 豪华不是奢侈品[J]. 朝鲜日报，2017年4月5日。

[61]　de Botton，Alain. The Architecture of Happiness[M]. Simon Vance（NRT），2009.

[62]　宋吉永. 不要想象[M].2015.

[63]　《世界室内建筑师设计宣言》。

[64]　Dan Hill. body of truth: leveraging what consumers can't or won't say[M]. Wiley，2003.

[65]　de Botton. Alain，The Architecture of Happiness[M]. Simon Vance（NRT），2009.

[66]　James H. Gilmore，B. Joseph Pine II. What Consumers Really Want[M]. Harvard Business，2007.

[67]　Oh Young-sik，Cha Jae-guk，Shin Moon-yong. Hyundai Card Design Story by Total Impact[M]. Semicolon，2015.

[68]　朴恩英. 现代卡设计项目与众不同的理由[J]. 月刊设计，2014年5月5日。

[69]　金贤进，柳尚. 信用卡公司开设的图书馆，品牌空间作为企业文化遗产[J]. 韩国月刊，2017.

[70]　爱德曼（Edelman）.《2019 EDELMAN TRUST BAROMETER》，2019年。

[71]　（美）B. 约瑟夫·派恩，詹姆斯·H. 吉尔摩. 体验经济[M]. 毕崇毅 译.

北京：机械工业出版社，2012.

[72]　金相勋和商业趋势研究会，2015—2017 未来三年世界趋势 [J]. 汉斯传媒，2014.

[73]　Shaun Smith & Joe Wheeler. Managing the Customer Experience：Turning Customers Into Advocates[M]. Pearson FT Press，2002.

[74]　金智铉 . 基于价值的空间设计营销研究 [D]. 弘益大学博士论文，2016.

[75]　Kim Sang-hoon，Biz Trend 研究会 .2015-2017 World Trends for the Next 3 Years[M]. Hansmedia，2014.

[76]　（美）帕科·昂德希尔 . 顾客为什么会购买 [M]. 缪青青，刘尚焱 译 . 北京：中信出版社，2016.

[77]　（美）B. 约瑟夫·派恩，詹姆斯· H. 吉尔摩 . 湿经济 从现实到虚拟再到融合 [M]. 王维丹 译 . 北京：机械工业出版社，2012.

[78]　（美）杰克·特劳特 . 商业策略 [M]. 邓德隆，火华强 译 . 北京：机械工业出版社，2017.

[79]　（美）杰克·特劳特，艾·里斯，邓德隆，火华强 译《定位》，机械工业出版社，2017 年。

[80]　（美）杰克·特劳特和史蒂夫·李布金 . 简单的力量 [M]. 邓德隆，火华强 译 . 北京：机械工业出版社，2019.

[81]　（美）杰克·特劳特，艾·里斯 . 定位 [M]. 邓德隆，火华强 译 . 北京：机械工业出版社，2017.

[82]　（美）杰克·特劳特和史蒂夫·李布金 . 简单的力量 [M]. 邓德隆，火华强

译. 北京：机械工业出版社，2019.

[83] （美）杰克·特劳特. 商业策略 [M]. 邓德隆，火华强 译. 北京：机械工业出版社，2017.

[84] Dan Hill. body of truth：leveraging what consumers can't or won't say[M]. Wiley，2003.

[85] （美）杰克·特劳特和史蒂夫·李布金. 简单的力量 [M]. 邓德隆，火华强 译. 北京：机械工业出版社，2019.

[86] （美）奇普·希思，丹·希思. 行为设计学：让创意更有黏性 [M]. 姜奕晖 译. 北京：中信出版集团，2018.

[87] （美）杰克·特劳特. 杰克·特劳特，商业策略 [M]. 邓德隆，火华强 译. 北京：机械工业出版社，2017.

[88] Thomas Gad. Customer Experience Branding：Driving Engagement Through Surprise and Innovation[M]. Kogan Page，2016.

[89] 夏恩京. 关于数字传媒中限空间体验的沉浸式结构的研究 [D]. 弘益大学博士学位论文，2010.

[90] Interbrand.Tiffany & Co.：22%与蒂芙尼的秘密.

[91] 崔宝允. 想象一个孩子……那是 Design[J]. 朝鲜日报，2015年4月16日。

[92] Dan Hill. body of truth：leveraging what consumers can't or won't say [M]. Wiley，2003.

[93] （美）B. 约瑟夫·派恩，詹姆斯· H. 吉尔摩. 体验经济 [M]. 毕崇毅译. 北京：机械工业出版社，2012.

[94]　（美）菲利普·科特勒，凯文·莱恩·凯勒. 营销管理 [M]. 卢泰宏，高辉译. 北京：中国人民大学出版社，2009.

[95]　金智铉. 基于价值的空间设计营销研究 [D]. 弘益大学博士论文，2016.

[96]　Kim Nan-do，另8人. Trend Korea 2019[M]. Miraebooks，2018.

[97]　Gian Luigi Longinotti-Buitoni. Selling Dreams：How to Make Any Product Irresistible[M]. Simon & Schuster，1999.

[98]　Hong Sung-tae. 모든 비즈니스는 브랜딩이다（Every business is branding）[M]. Samnparkers，2012.

[99]　Dan Hill. body of truth：leveraging what consumers can't or won't say [M]. Wiley，2003.

作者简介　　[Author resume]

姜民 [Jiang Min]

姜　民：鲁迅美术学院教授、教学质量监控中心主任、韩国弘益大学空间设计学博士毕业、沈阳市政协委员、中国美术家协会会员、辽宁美术家协会设计学艺委会委员、韩国空间设计学会海外运营理事、韩国基础造型协会会员。曾获"全国百名优秀室内建筑师"荣誉称号，作品多次获得全国美展设计类及行业认证奖项。

金柱然 [Jooyun Kim]

金柱然：韩国弘益大学美术学院教授，韩国"空间设计"概念的创立者。世界室内建筑师联盟 [IFI] 理事，弘益大学附属公共设计研究中心主任，工业美术学院院长，学生处处长，韩国空间设计学会会长，韩国室内建筑师协会会长。SpaceBranding 企划高级顾问，担当品牌包括现代汽车、LG 生活健康、新世界免税店、NCSOFT、华夏银行、KT、SK Telecom、三星建设等。

王世学 [Wang Shixue]

王世学：宁波大学潘天寿建筑与艺术设计学院讲师、韩国弘益大学空间设计学博士毕业、SSAD STUDIO 合伙人、韩国空间设计学会理事、韩国文化空间建筑学会会员、宁波市室内设计师协会会员。